SCORPIO

Janice Jakait

oder der Mut,
mich hinzugeben,

statt mich
herzugeben

SCORPIO

© 2017 Scorpio Verlag GmbH & Co. KG, München
Umschlaggestaltung: Weiss Werkstatt, München
Layout und Satz: BuchHaus Robert Gigler, München
Druck und Bindung: Pustet, Regensburg
ISBN: 978-3-95803-130-2
Alle Rechte vorbehalten.

www. scorpio-verlag.de

Für S.
und
die Liebe

Einfach nur im Frieden.
Nur im Frieden.
Im Frieden.
Frieden.

•

Inhalt

Anhang

Stehe deinem Weg nicht im Weg.

Warum ich über die Liebe schreibe

»Niemand sah den ganzen Schmerz in mir.
Wer hätte ihn auch stillen können?
Dann kommst du und öffnest mir das Herz und
die Augen, und ich kann fühlen und sehen,
wie viel mehr Schmerz da sogar noch ist … in mir,
in dir und in all den anderen Menschen.
Und dann öffnest du auch noch deine Arme!«

Wer in diesem Buch auf ein unkompliziertes Märchen über die Lie-be hofft oder gar auf eine Anleitung, wie sich Krisen und Enttäu-schungen sicher umschiffen lassen, der wird gewiss enttäuscht wer-den. Das Gegenteil ist der Fall: Ich möchte Mut machen, sich gerade auch den Krisen und der Verzweiflung in Beziehungen und Partner-schaften mehr zu öffnen und hinzugeben, um darin die eigene Wahrheit zu finden. So können wir auch selbst zu einem Menschen wachsen, dem wir gern begegnen und in den wir uns verlieben wür-den.

Der Titel möge darüber hinaus bitte nicht zu der Annahme verleiten, ich wäre eine berüchtigte Liebhaberin vom Kaliber einer Donna Juana. Ich bin einfach nur ich. Fast vierzig Jahre lang stolperte ich auf der Suche nach der großen Liebe durch die Wirklichkeit und wurde dabei erst einmal so verbittert, dass ich ernsthaft erwog, als Schriftstellerin in ein abgelegenes buddhistisches Nonnenkloster zu ziehen.

Auch wird es in diesem Buch keine himmlische Hochzeit mit Prinz Charming geben – kein Happy End, mit dem dann alles ganz unkompliziert und für immer nur *gut* ist. Aber es wird endlich wieder ein HAPPY NOW geben. Wir werden alle sterben, *this is the end!*

Die Liebe jedoch ist der mit Abstand schönste Grund, wofür es sich zu leben lohnt – und sie ist auch der einzige Weg in die Zuversicht, dass wir den Tod und das Loslassen nicht fürchten müssen.

Der letzte Mensch, dem wir in diesem Leben begegnen und vor dem wir unser Leben verantworten müssen, das werden wir selbst sein. Da ist leider nichts zu machen. Aber von wem möchten wir uns vorher noch verabschieden? Wessen feuchte Lippen ein letztes Mal auf unserer Stirn spüren, wessen warme Hand loslassen? Bei wem möchten wir uns bedanken und vor allem, *wofür?* Bei unseren Ängsten etwa oder bei unseren Selbstzweifeln, für ihre lebenslangen treuen Dienste in unserem Harem der Sicherheiten und Garantien? Oder bei der Pflegeschwester im weißen Kittel neben unserem Krankenbett, dafür, dass sie uns mit einem Tupfer die Lippen befeuchtet und den Sauerstoff aufdreht?

Oder möchten wir uns bei den Menschen bedanken, die wir lieben und die uns lieben und die uns im Leben oft den Atem geraubt haben? Mit welchen Seelen hat sich deine Seele verwoben und verflochten auf deinem Lebensweg? In wessen Herz lebst du weiter? Wer ist bei dir auf dieser unbestimmten Reise, wenn du ein letztes Mal die Augen schließt und dein Herz und deine Gedanken für immer stehenbleiben? Welche Erinnerungen begleiten dich hinüber? Etwa die, dass du wahnsinnig viele Träume, aber viel zu viele Ängste im Leben hattest und noch so viel vor, eigentlich?

Und wem meinst du am Ende deines Lebens noch gefallen und etwas beweisen zu müssen? All denen, die als Nächste dran sind?

Ich wurde in den vergangenen Jahren immer wieder von Organisationen und Unternehmen eingeladen, um über Mut, Ehrlichkeit und die Chancen von Krisen zu sprechen, weil ich einmal monatelang allein in einem kleinen Boot über den Atlantischen Ozean gerudert bin und danach ein paar Jahre über das Leben philosophiert und geschrieben habe. Am liebsten sprach ich dabei über Mut und Impulse zur Veränderung und zum Wachstum, die gerade erst aus totalen Enttäuschungen und aus der völligen Verzweiflung heraus entspringen können. Und auch beim Thema Liebe verhält es sich leider nicht anders – besonders an Krisen und Enttäuschungen können wir wachsen und falsche Vorstellungen und Hoffnungen loslassen, die uns daran hindern *anzukommen*. Und erst dann haben wir den Kopf und die Hände frei, um etwas wahrhaftig zu berühren und berührt zu werden.

Es soll also ein ehrliches Buch sein – mein Scheitern in vielen Beziehungen und meine Verbitterung sollen hier ebenso Platz finden wie viele kleine, letztlich für mich ganz große Erfolge auf dem Weg zurück zu mir selbst und in eine tiefere, engere Beziehung zu anderen Menschen. Ich möchte dabei den Bogen vom Umherirren in meiner Vergangenheit und von meinen Lebenskrisen bis zum Ankommen in neuen Erfahrungen von Liebe, Beziehung und Nähe in der Gegenwart spannen.

Zurück zu wahrhaftigen Gefühlen und zum Mitgefühl, zu etwas Echtem und Berührendem wie der Liebe führt nur ein Weg durch die Entzauberung von vermeintlichen Wahrheiten darüber, was Liebe angeblich sei und was uns da oft schon von Kindesbeinen an als Liebe vorgestellt und vorgelebt wurde. Und der wahren Liebe will ich dieses Buch widmen, das überhaupt nur durch eine Verkettung wundersamer Zufälle und Begegnungen während des Schreibens in dieser Form entstehen konnte. Ich wünsche mir, mit diesem Buch auch andere Menschen zu inspirieren, die fürchten, sich hoffnungslos verlaufen und verstolpert zu haben, möchte sie auf die wundersame Spur der Liebe zurückführen, ihnen Mut machen, damit *Heilung geschehen* und endlich Frieden sein kann.

»Es gibt nur wenige,
die mit ihren eigenen Augen sehen und
mit ihren eigenen Herzen fühlen.«

Das sagte Albert Einstein. Es ist leider ein steiniger und oft sehr langer Weg aus dem Kopf zurück ins Herz, den man auch ein großes Stück allein gehen muss, um sich von seinen Ängsten und von dem lösen zu können, was man bisweilen als falsche Vorstellung über die Liebe zutiefst verinnerlicht hat. Über meinen eigenen Weg möchte ich in diesem Buch offen berichten. Auf ihm habe ich viele naive Wunschvorstellungen darüber, wer ich bin, was Zufriedenheit, was Liebe und Freiheit bedeuten, grundlegend korrigieren müssen. Und dieser Weg hat meine Seele erst nackt gemacht und wund, damit ich überhaupt wieder fühlen und lieben konnte. Er hat aber auch meinen steinharten Gedankenpanzer viel flexibler und biegsamer werden lassen, damit ich mich wieder spontaner, neugieriger und tiefer auf das Leben und andere Menschen einlassen kann und damit ich in der Lage bin, mich bewusster und besser von dem abzugrenzen, was mir nicht guttut.

Die Liebe ist keine Vorstellung oder Versprechung, die sich wie ein todsicherer Plan erfüllen ließe – die Liebe ist der Mut, sich dem Unplanbaren, dem Überraschenden und dem Wahrhaftigen außerhalb des Kopfes hinzugeben, anstatt sich nun für Ideale, Pläne und fixe Ideen herzugeben ... Liebe, das ist der Mut zum Wunder in der Wirklichkeit und zu ganz neuen Erfahrungen. Aber da muss der gemeine Kopfmensch erst einmal wieder hin – raus aus dem Kopf, raus aus alten Denkmustern, Gedankenschleifen, Sorgen, Ängsten und Urteilen und rein ins Erleben und Fühlen.

Wir haben immer eine Wahl: Wir können weiter Verfechter kollektiver Meinungen, Vorstellungen, Wahrheiten, Paradigmen, Dogmen, Ideale, Normen, Gebote, Verbote, Stereotype und Schubladen bleiben, können weiter mit dem Strom mittreiben und versuchen, nach diesen Maßstäben *oben zu bleiben* – erfolgreich, liebenswert und *normal* –, oben im Strom, oben im Kopf! Wir können uns anpassen, mitmachen, uns selbst in Schubladen stecken und stecken lassen und darauf hoffen, dass wir darin auch den anderen *gefallen* und *genügen* und dass wir passende Lebensgefährten finden. All das steht uns frei! Aber wir können stattdessen auch abtauchen und uns den Gedankenströmen entziehen, zurück in die Wirklichkeit, die immer auf uns wartet, um ohne kollektive Filter neu entdeckt und erfahren zu werden. Nur hier finden wir die eigene Wahrheit, nur hier wartet auch das Wunder der Liebe auf uns.

Kein Mensch passt in eine Schublade! Niemand sollte einem Ideal entsprechen müssen, um liebenswert zu sein. Und obwohl wir das alle wissen, gelingt es uns oft nur schwer, diese alten, äußerst beschränkten Überzeugungen und Urteile darüber, wer wir und wer die anderen sind, loszulassen. Wenn wir aber frei sein und frei lieben wollen, müssen wir aus allen Schubladen herausspringen, in die man uns einst gesteckt hat. Und wir selbst müssen damit aufhören, Menschen abzuurteilen und einzusortieren. Wir müssen raus aus diesem ganzen Karteikastensystem. Erst dann entdecken wir unsere innere Größe, unsere grenzenlose Schönheit wieder und erst dann ist richtige Begegnung – Austausch und Berührung – mit anderen Menschen möglich.

Da war so viel Lärm in meinem Kopf früher, dass dieser Mensch, der ich gern sein wollte, das Wunder, das ich längst schon war, gar nicht mehr wirklich hören, sehen oder spüren konnte. Noch vor sechs Jahren ahnte ich nicht einmal, dass es einen Weg zurück zu mir selbst gab – und dass ich erst mich selbst wiederfinden musste, um anderen Menschen wirklich begegnen zu können.

Ich hätte nach diesem Weg zu meinem wahren Selbst auch nicht im Navigationssystem meines Autos gesucht. Ich kam damals überall an, nur eben nicht bei mir und im Frieden mit mir – und erst recht nicht in einer erfüllten Beziehung. Ich kannte die kürzeste Strecke zu McDonald's und wusste die Adresse jeder Apotheke im Umkreis von fünfundzwanzig Kilometern. Und auch auf der Datenautobahn im Internet und im Dschungel der Dating-Apps war ich zielsicher unterwegs – irgendwohin, zu irgendjemandem, immer beschäftigt, so sehr, dass mir meine Orientierungslosigkeit gar nicht bewusst war. Ich *kannte mich aus,* aber ich fühlte mich immer mehr enttäuscht und wusste auch bald gar nicht mehr, wo ich überhaupt einmal *ankommen* könnte im Leben, um erfüllt zu sein. Nur auf die ganz große Liebe hoffte ich weiter – mit ihr würde bestimmt alles gut! Ich kam aber nirgends und bei niemandem wirklich an. Am Ende war ich schon froh, wenn ich wieder allein ins Bett fand, mein Kissen in den Arm nehmen und wenigstens schlafen konnte. Doch wenn die Seele müde ist, bringt bekanntlich aller Schlaf der Welt keine Erholung mehr. Und meine Seele war müde … meine Seele war einsam.

Egal wie hektisch ich herumirrte, langsam überholte mich das Leben: Fastfood und *Speeddating* füllten einfach meine innere Leere nicht, Tabletten waren kein Ausweg aus meinen Gedankenschleifen und keine Supercreme aus dem Supermarkt und keine meiner vielen Operationen machte mich schöner, liebenswerter, zufriedener und glücklicher …

Meine Lebenszeit tickte erbarmungslos herunter, ich hoffte und träumte viel – doch wer nur noch von der Hoffnung lebt, stirbt letztlich an Verzweiflung, mahnt ein spanisches Sprichwort. Stetige Unruhe trieb mich an, immer wieder: Hoffnung, dann Enttäuschung, Hoffnung, dann Enttäuschung. Dieses Leben machte mich müde, sehr müde … lebensmüde.

Wenn man das Wort *Leben* aber rückwärts liest, dann steht da *Nebel!* – Ich nehme also einmal an, dass eine gewisse Orientierungslosigkeit und Unklarheit zum Leben dazugehören. Alles braucht eben seine Zeit, auch das Begreifen, dass es leider irgendwann zu spät ist, um zu leben und zu lieben. Alles, was uns hier und jetzt offensteht, sind Möglichkeiten. Nutzen wir sie nicht, sind sie für immer verloren in dem, was niemals geschah. Am Ende müssen wir alles loslassen: unsere Erinnerungen, aber eben auch unsere Urteile und Wahrheiten sowie alles, was wir an materiellem Besitztum angehäuft haben – und was schlimmstenfalls in drei blauen Müllsäcken im Keller eines Pflegeheims landen und auf die Müllabfuhr warten wird.

Erinnerungen an Augenblicke aber, in denen wir uns ganz hingaben, die uns vollständig erfüllt und durchdrungen haben, die können wir dankbar loslassen. Und wo wir erst einmal dankbar für dieses Leben sind und erfüllt von Liebe, da ist auch jede Vergangenheit befriedet, die uns hierhin geführt hat, und jeder vermeintliche Fehler ist für alle Zukunft vergeben.

Ich dachte immer, ich wäre eine Ausnahme, wäre einfach *zu blöd* für die Liebe. Erzählten doch so viele Menschen fantastische Geschichten darüber, die mir aber einfach nicht passierten. Doch je älter ich wurde und je mehr Menschen ich näher kennenlernte, umso seltener schien dieses Wunder der wahren Liebe zwischen zwei Menschen wirklich geschehen zu sein. Der Weg zurück zu unserem wahrhaftigen Selbst und in erfüllte Liebesbeziehungen erfordert offenbar weitaus mehr Mut als erwartet – mehr Ehrlichkeit, Hingabe, Vertrauen, Leidenschaft und eine große Portion Neugier. Einige sind mit mehr Talent gesegnet, aber letztlich ist es trotzdem richtig harte Arbeit an sich selbst. Ganz wie ein Bildhauer müssen wir unseren zerbrechlichen Kern erst wieder freilegen – die Arbeit, die Hingabe und die Leidenschaft gehören zur Bildhauerei, wie sie zur Liebe gehören. Liebe ist weit mehr, als da am Ende oft strahlt und scheint, wenn sich zwei Menschen wirklich gefunden haben und beieinanderbleiben. Liebe hat auch nichts mit Glück, Veranlagung oder Schicksal zu tun, wie ich immer dachte, sondern damit, dass da zwei wirklich ihren eigenen Weg gehen und daran wachsen und bereit und offen genug werden füreinander und für so tiefe Gefühle, in denen man mit dem Kopf nicht mehr sicher ankern kann.

Wir dürfen uns entscheiden, ob wir uns unserem ganz individuellen Lebensweg mit allen seinen Höhen und Tiefen hingeben wollen, um uns selbst wieder zu entdecken, zu öffnen und um zu wachsen – oder ob wir weiter den ausgetretenen, kartografierten und vermeintlich *sicheren* Pfaden der anderen folgen und uns vor Überraschungen und vor dem Unvorstellbaren fürchten wollen. Aber nur dort passiert die Liebe! Und ist es nicht auch so, dass gerade die Erlebnisse, die einst unvorstellbar waren und völlig überraschend geschahen, zu unseren schönsten Erinnerungen zählen? Und versuchen wir oft nicht nur insgeheim, genau diese Momente planmäßig zu wiederholen? Das kann leider nicht funktionieren.

Wir sollten uns weniger sorgen und nicht mehr so viel denken und planen. Sicher ist ohnehin als Einziges, dass du jetzt hier auf dieser Welt bist und gerade diese Zeile liest. Eigentlich schon unvorstellbar genug, oder? In den nächsten Zeilen, Absätzen und Kapiteln möchte ich Mut machen, mehr zu wagen, mehr zu fühlen und mitzufühlen … um jetzt erfüllter leben und lieben zu können – um wieder mehr mit den eigenen Augen und dem eigenen Herzen zu sehen.

Wofür sonst wäre *unser* Leben gut?

Erster Teil

Irre sucht Irre

Womöglich und vielleicht,
oh Gott!, möglicherweise! –
bist du der Weg, der mich erreicht,
auf meiner irren Lebensreise!

Nichts als Theater

»Bist du wirklich bereit, die Konsequenzen zu tragen, Janice?
Dann ist das jetzt dein Weg – du weißt, du musst ihn früher
oder später sowieso gehen! Ich liebe dich, genau so, wie du bist –
gerade weil du so bist, wie du bist! Und du schaffst das!
Jetzt setze dich an die Tastatur und versuche, all das in Sätze
zu packen! Ich lasse dich auch endlich schreiben.«

Einhundertzwanzig Seiten hatte ich bereits in der vorigen Fassung dieses Buches getippt, einhundertzwanzig Seiten warteten noch darauf, von mir beschrieben zu werden. Bis zur Hälfte hatte ich es damit eigentlich geschafft, aber mir wurde klar, dass das Ende *mich* schaffen wird, wenn ich einfach so weiterschreibe wie bisher. Denn es fehlte etwas ganz Entscheidendes – die halbe Wahrheit zu Beginn reicht nicht aus, um zu einem glaubwürdigen Ende zu kommen. Ich musste noch mutiger werden und komplett von vorn beginnen – diesmal mit der ganzen Wahrheit darüber, wozu Liebe imstande ist. Der einzige Weg, über die Kraft der Liebe zu schreiben, bedeutete auch, dass ich meine einst größte Sorge hinter mir lassen und mich auch hier in diesem Buch noch weiter öffnen musste.

Ich habe alle Konsequenzen abgewogen, aber vor allem höre ich jetzt auf meinen Bauch. Da ist durchaus noch etwas Unruhe in mir, aber was die Welt über mich denkt, die mich nicht ernsthaft kennenlernen will, das hat mich viel zu lange im Leben – und erst recht in der Liebe! – unter Druck gesetzt und feige gemacht. Ich bin auch viel zu erschöpft von diesem Weg, weil ich immer alles richtig und jedem recht machen wollte. Vielleicht ist die Entscheidung, so offen zu schreiben, am Ende ein Fehler. Aber genau das ist eben nicht mehr wichtig, denn alle meine vermeintlichen Fehler haben mich doch erst zu dem Menschen gemacht, der ich jetzt bin, der viel besser loslassen und sich hingeben kann, der wieder fühlt und mitfühlt und der Liebe und Nähe wieder zulassen kann. Wer weiß, was nach dem nächsten *Fehler* so alles passiert?

»*Der Mensch ist am schönsten, wenn er sich hingibt*«, sagte ein Freund einmal und eine Freundin fügte an: »*Und er ist am hässlichsten, wenn er sich hergibt!*« Um zu erkennen, wie tief ich lieben kann und wie liebenswert ich selbst bin, musste ich mit meinem Lockenkopf voller wirrer Gedanken und gegenteiliger Meinungen erst auf eine verrückte Lebensreise gehen. Und auf dieser Reise zurück zur eigenen Wahrheit galt es, den Mut zu haben, mich allen Erfahrungen in ihrer ganzen Tiefe hinzugeben, auch den nicht so schönen, den nicht so sicheren und den äußerst enttäuschenden. Entweder wir fühlen alles oder wir fühlen am Ende gar nichts mehr. Und was wir nicht fühlen wollen, das müssen wir mit viel Anstrengung *wegdenken*. Ich mag nicht mehr so viel denken, es macht nicht glücklich, nein, es hat mich eher krank gemacht. Und mit dem Kopf kann man nicht lieben …

Der Mensch ist am schönsten,
wenn er sich hingibt.
Und er ist am hässlichsten, wenn er sich hergibt!

Liebe. Wie lange ich doch hin- und hergerissen war zwischen Erwartung und Enttäuschung, zwischen Hoffnung und Verzweiflung, zwischen Sehnsucht und Kitsch. Ich hatte so viele Texte über die Liebe verfasst in meinem Leben, und doch versteckte sich in den oft ausufernden Zeilen immer etwas, das ich nicht auszusprechen wagte – etwas, nach dem ich mich noch sehnte, und etwas anderes, das mich zutiefst beschämte: Es war die erste Wahrheit, die ich verschwieg.

Ich log mich selbst und alle anderen viel zu lange an. So viel ich von dieser tiefen und wahrhaftigen Liebe zwischen zwei Menschen zu berichten hatte, so wenig hatte ich davon in Beziehungen und Partnerschaften, aber eben auch in Freundschaften wirklich erfahren. Leichte und fixe Gefühle, ja, Verliebtsein und Liebelei – klar! Aber nie zu tief und immer weniger. Statt Schmetterlingen im Bauch zunehmend Magenschmerzen – statt Sehnsucht und diesem Kribbeln im Körper leider nur Nesselsucht und Allergien. Niemanden hielt ich lange an meiner Hand und an meiner Seite aus, aber wenigstens das Handy hielt ich mir immer direkt vor die Nase.

Meine fantastischen Zeilen, die ich früher über die Liebe schrieb, fügten sich zu einem großen Teil auch aus dem zusammen, was ich von anderen über diese leidenschaftliche und unvergängliche Liebe gehört hatte, und aus dem, an das ich mich aus dem eigenen abenteuerlichen *Liebesleben* jedenfalls fragmentarisch erinnern konnte, dann, wenn ich allein nach einer Trennung wieder mit dem Kissen im Arm einschlief und niemanden mehr zum Lieben hatte. Immer ein neues Parfüm auf dem Bezug. Coco, Daisy, Deep Red, Issey Miyake, Cool Waters – so viele Düfte, so viele Namen, so viele Erinnerungen. Eigentlich ließ sich alles, was ich über die Liebe zwischen zwei Menschen aus eigener Erfahrung in den letzten Jahren zu berichten wusste, mit dem gleichen Wort zusammenfassen, mit dem sich auch mein ganzes Leben, und damit meine Art zu schreiben, ganz gut zusammenfassen ließ: *Theater!*

Und es war ein großes Theater, denn ich brauchte auch den großen Applaus. So episch meine Zeilen über die Liebe früher nämlich ausfielen, so wertlos und distanziert von anderen fühlte ich mich selbst oft. Ich konnte mich anderen Menschen nie ganz öffnen – meine Angst davor, verletzt zu werden, war größer als mein Mut. Meine Erfahrungen aus der Vergangenheit wogen schwerer als die Hoffnungen auf eine andere Zukunft. Ich verdiente doch überhaupt keine bedingungslose und erfüllte Liebe, dachte ich, wenn ich mich mal ganz nüchtern analysierte. Wer würde mich schon so lieben können, wie ich bin, und wen könnte ich schon so lieben, wie er ist! Auf der Suche nach wahrhaftigen Gefühlen verlor ich mich immer weiter in meinen Gedanken, aber fand mich immer weniger in Gefühlen von echter Geborgenheit, Dankbarkeit, Lust und tiefer Liebe wieder – stattdessen: Zweifel, Angst vor Konsequenzen, Eifersucht, Unsicherheit. Und alle Gedanken, aus denen man keine Gefühle macht, sind komplett umsonst gedacht.

Wenn aber in meinem Theater der Liebe wieder für ein paar Abende das Licht anging und der Applaus einsetzte, ja, dann konnte ich das alles für eine Weile jedenfalls wieder vergessen. Schöne Frauen, schöne Männer – wo ich da selbst so genau stand, das war lange unklar. Es lief mit der Liebe nicht wie im Märchen, nicht mal wie in den Boulevard-Magazinen und Frauenzeitschriften. Und dann trennten sich auch noch Angelina Jolie und Brad Pitt sowie Amber Heard und Johnny Depp mit einer Schlammschlacht um Sorgerechte und Misshandlungen. Die große Liebe – gab es sie überhaupt? Erwartete ich vielleicht einfach zu viel?

Das Wunder der Liebe, nach dem ich mich sehnte, war lange nur ein Produkt meiner Fantasie – was ich stattdessen erlebte, empfand ich als immer weniger wahrhaftig. Meine Vorstellung von Liebe entsprach dabei der Liebe der anderen. Von meiner Pubertät an multiplizierte sich diese Liebe aus den Texten kitschiger Liebesromane, aus sehnsuchtsschwangeren Bildern in Zeitschriften, aus beneidenswerten Liebesszenen aus Hollywood und aus den bittersüßen Strophen meiner Lieblingssongs. Wenn Annie Lennox und Eurythmics sich auf meinem Plattenspieler mit dreiunddreißig Umdrehungen pro Minute in ihrem Lied »Miracle of Love« um das Wunder der Liebe drehten und mir meine erste große Flamme vom *BRAVO*-Poster entgegenzwinkerte, war mein Glaube an dieses Wunder noch unerschütterlich.

Doch Posterboy David Hasselhoff hielt nicht mit seinem schwarzen Sportwagen vor meiner Haustür, er rettete mich einfach nicht! Und auch die anderen Posterboys und Postergirls holten mich nicht im Cabriolet ab, um mit mir dem Horizont der Leidenschaft entgegenzufahren. Es hupte kein Superstar im Cabrio, es klingelte nicht mal einer auf dem Fahrrad. Es geschah kein Hollywood-Wunder, mit dem ich freitags in der Dorfdisco angeben konnte.

Meine erste verbindliche und ganz unkomplizierte Seelenpartnerschaft ging ich mit etwa dreizehn im Jahre 1990 mit meinem Computer ein. Ab 1996 zogen wir zusammen ins Internet – dort konnte alles passieren, aber nichts musste. In der digitalen Welt drehte sich alles immer schneller als jeder Plattenteller um die Liebe, und vor allem drehte sich vieles um Sex. Millionen von Bildern, Artikeln, Zitaten und verheißungsvollen Versprechungen über die romantische Liebe und kochende Leidenschaft – und nur ein paar Jahre und Mausklicks später: die sozialen Netzwerke, Partnerschaftsbörsen und Dating-Apps, in denen sich meine Sehnsucht nach echten Menschen zu erfüllen schien. So viele verschiedene Profile, so viele Möglichkeiten der Begegnung. Mehr, mehr, mehr – und dem gab ich mich her. Das Einzige, dem ich mich aber wirklich ganz hingeben konnte, blieb das Internet, das meine Träume weiter fütterte und immer Erfüllung versprach. Mal *liebte* ich Taschen, die ich online bestellen konnte, dann Schuhe, dann einen Lippenstift und dann wieder einen Menschen aus irgendeiner Singlebörse für ein paar Wochen.

Auf wundersame Weise waren dann plötzlich meine Haare ergraut und hinter mir lagen mehr gescheiterte Beziehungen und Affären, als ich inzwischen Lebensjahre zählte. Zu »Miracle of Love« gab es jetzt sogar ein Musikvideo auf YouTube, Plattenspieler waren längst aus der Mode gekommen und Dorfdiscos hießen jetzt Tanzclubs.

Da David Hasselhoff nach dem Aus seiner Traumehe mit sich selbst und seiner Alkoholsucht beschäftigt gewesen war, hatte ich mich unterdessen mehr als zwei Jahrzehnte lang ohne ihn mit meiner Sehnsucht durchschlagen müssen. In jeder gescheiterten Beziehung wurden mir durchaus einige wunderbare Erlebnisse zuteil, die ich meiner Vorstellung von der perfekten Liebe hinzufügen konnte – am Anfang war doch immer alles Magie! –, und halb gelogen beim Schreiben war immerhin nicht ganz gelogen. Aber der Weg in die Wahrhaftigkeit der Liebe, zurück zu den Schmetterlingen im Bauch, die bleiben, und dem brüllenden Löwen im Herzen, der nicht gleich wieder müde wird – und damit zu ehrlicheren Texten über die Liebe –, das war ein langer Weg.

In jeder Begegnung wurde ich stets aufs Neue mit meinen Selbstzweifeln und einem großen Lebenskonflikt konfrontiert, der sich einfach nicht auflösen ließ.

Ich fand mich fast auch schon mit der Tatsache ab, dass es meinen Lebensmenschen vielleicht einfach nicht gab und ich endlich mit mir allein klarkommen und in ruhigeren Gewässern auf die vierzig zurudern müsste. Oder eben, dass ich mich mit irgendjemandem zu arrangieren hätte – ein bisschen geliebt ist womöglich doch besser als gar nicht geliebt, oder? Ich müsste halt Prioritäten setzen: entweder Sex oder Freundschaft oder Zärtlichkeit oder materielle Sicherheiten oder kluge Gespräche. Oder, oder, oder. Aber viel zu wenig *und!*

Dafür hatte ich endlich mit anderen Dingen *Erfolg.* Ich verwirklichte einige große Lebensträume, besiegte meine schweren Depressionen und Existenzängste und ein Karriere-Highlight jagte das nächste. Was für ein berauschendes Leben! Spätestens mit der Atlantiküberquerung im Ruderboot 2012, also mit fünfunddreißig Jahren, geriet mein Leben endlich auf vielen Ebenen in Fluss. Aber diese Liebe, von der ich und die halbe Welt redeten, schrieben und sangen, die hatte ich nicht gefunden, weder in einer Frau noch in einem Mann – und erst recht nicht in mir selbst. Spannende Abenteuer hatte ich erlebt, sicher. Und auch mehr oder weniger stabile Partnerschaften waren dabei, eine hielt sogar über zehn Jahre lang. Aber diese alles verzehrende Leidenschaft ohne Ablaufdatum und diesen Frieden und Halt in der Geborgenheit, ohne Zweifel und Ängste und ganz ohne mein Theater, dieses in allen Sprachen besungene Wunder der Liebe – Fehlanzeige!

In Partnerschaften fand ich eine gewisse Erdung, Sicherheit und Stabilität, und anderen Menschen hätte das wohl mehr als nur gereicht. Aber ich sehnte mich nach kosmischer Spannung und gleichzeitig nach himmlischer Harmonie und vor allem nach diesem Gefühl von *ankommen,* von *endlich zu Hause sein.*

Wenn es in längeren Partnerschaften dann doch spannend blieb, handelte es sich eher um toxische und destruktive Beziehungen, ein Tanz auf dem Vulkan – eine *Liebe* am Kraterrand zwischen explosiven Konflikten und totaler Verschmelzung –, impulsive Ausbrüche, Abhängigkeiten, Süchte und Verlustängste hielten die Beziehungen am Kochen. Aber mit erfüllter Liebe hatte auch das eher wenig zu tun.

Ganz *irdische* und friedliche Beziehungen hingegen, mit den üblichen Alltagsproblemen, machten mir auf der anderen Seite auch Angst vor zu viel *Normalität* und Langeweile. Ich hatte vorwiegend Kurzbeziehungen, da entflammte ich meist in Windeseile, erlosch aber ebenso schnell wieder. Irgendetwas fehlte immer, anderes war stattdessen zu viel – aber nichts war mir jemals genug. Ich gab mich her und holte mir überall Bestätigung ab, aber zweifelte beharrlich weiter an mir selbst. Mit dem Alter wurde das mit den Selbstzweifeln natürlich auch nicht besser, im Gegenteil: Bauch zu dick, Beine zu kurz und mein ständiges Herumanalysieren und Selbstoptimieren, das nirgendwohin führte. Es gab kein *für immer!* und es wurde erst einmal immer nur schlimmer. Mit Menschen schien ich einfach Verbindungsprobleme zu haben, wenn es zu nah wurde – aber das Handy war immer online und verbunden, da fand sich bei Bedarf schnell Ersatz in der Ferne. Grausam. Ich spielte »Menschen-Tetris«, wie es meine beste Freundin damals passend auf den Punkt brachte. Und irgendwann gingen die Reihen nicht mehr richtig weg bei diesem Spiel, GAME OVER. Eigentlich wollte ich nie jemandem wehtun – ich versuchte immer, ehrlich und nett zu sein, ich wollte doch wirklich nur … alles! – Aber eben nur alles Schöne! Statt eines lächelnden David Hasselhoffs hing inzwischen ein schallend lachender Charles Bukowski an meiner Wand, der mir ein Zitat zuprostete: »Find what you love and then let it kill you.« Allein schon die Suche nach dem, was ich liebe, brachte mich fast um, so schien es.

Ich schrieb und veröffentlichte weiter meine Geschichten und Gedichte über Hingabe, Vertrauen, Frieden, Leidenschaft und konstruierte ausufernde Zeilen über die Liebe zwischen zwei Menschen. Das Einzige, was ich mein Leben lang neben dem Internet und meiner Suche nach Erleuchtung obsessiv, leidenschaftlich und treu gehassliebt habe, ist das Schreiben selbst. Aber Bücher küssen leider genauso schlecht wie Laptops und Handys. Wenn meine Leser wenigstens applaudierten und mein Ego streichelten, war es durchaus mal eine Weile wieder zahm, dieses große Ego, und über beide Ohren verliebt in sich selbst. Eine kurze Affäre mit dem eigenen Erfolg, eine Erfolgsromanze. Bravo! Blieben die Bestätigungen jedoch aus, dann stand ich wieder vorm Spiegel und stand mir auf meinem Weg selbst im Weg.

Wer dafür lebt, dass die anderen ihn mögen,
wird sich immer vor ihrer Ablehnung fürchten müssen,
auch wenn sie ausbleibt. Er verliert sich selbst,
wenn er ausgegrenzt wird. Er macht ihre Stimmen
zur eigenen Stimme im Kopf und ist immer
auf Bestätigung angewiesen.

Solange nach Erfolgserlebnissen die Glückshormone im Blut tanzten, war alles in Ordnung – blieben die Endorphine aber aus, machte ich schnell wieder Schluss mit mir selbst und mit allen anderen.

Ich kam klar. Dachte ich jedenfalls. Auch mein alter Schwarm David Hasselhoff kam langsam wieder auf die Beine und mimte jetzt den großen Entertainer auf Kreuzfahrtschiffen. Das klang zwar eher nach Karriereende, also nicht mehr nach einem Leben auf der Überholspur. Noch hatte David nicht sein ganzes Leben in den Sand gesetzt, aber als smarter Rettungsschwimmer an den Sandstränden von Malibu würde er keine besonders gute Figur mehr machen. Und wenn ich das frühere Bikini-Girl an seiner Seite, Pamela Anderson, inzwischen so sah, schwante mir langsam, was auf mich mit dem Alter noch zukommen würde.

Nein, das alles klingt nicht nach einer liebevollen Beziehung zu mir selbst und zu anderen. Und so war es mehr als irrwitzig, dass ich mir vor fünfzehn Monaten zutraute, ein ganzes und authentisches Buch über die Liebe zu schreiben. Was wusste ich damals schon, als ich die Möglichkeit dazu bekam und den Buchvertrag unterzeichnete? Ich wusste vieles, aber nicht unbedingt viel über die Liebe. Ich kannte mein Theater und meine Kompromisse. Ich hatte mich komplett in meiner Rolle verloren und nahm fälschlicherweise an, aus diesem Theater würde sich mit Wortakrobatik und Recherche schon ein Werk über die Liebe verfassen lassen. Ich hatte einiges erlebt, so manches reflektiert, viel gelesen und theoretisch verstanden – dann würde ich hier und dort den Text eben noch mit Zitaten von Goethe, Shakespeare und Atticus würzen – eine gute Prise Humor dazu, wo der Mut zur Wahrheit fehlt – alles gut durchschütteln und kalt servieren – und fertig wäre das nächste Buch.

Aber so sollte es eben nicht kommen.

Gelegenheit macht Liebe

Am Abend vor der Vertragsunterzeichnung für dieses Buch stieß ich in einem Hotelmagazin auf ein Zitat des Multimilliardärs Richard Branson: »Wird Ihnen eine tolle Chance angeboten, Sie sind sich aber nicht sicher, ob Sie das schaffen – sagen Sie dazu einfach ›ja!‹ und lernen Sie danach, wie man es schafft.«[1] Vielleicht entsteht der Weg tatsächlich erst im Gehen, wenn man ein konkretes Ziel vor Augen hat, so wie ein Buch über die Liebe etwa, und man nicht nur einer Fata Morgana nachjagt, einer theoretischen Vorstellung von Liebe.

Meine innere Stimme hatte zu lange geflüstert: Schreib endlich ein Buch über die Liebe! Schluss mit der Flucht um den Globus, Schluss mit der Suche nach Gott und der Erleuchtung – finde erst einmal deinen Nächsten wieder! Vielleicht wusste ich doch mehr über die Liebe, als ich ahnte – womöglich wartete das Wesentliche im Dunkeln hinter den Gedanken nur darauf, wiederentdeckt zu werden, und letztlich blieb mir noch mindestens ein Jahr lang Zeit für eine erleuchtende neue Liebeserfahrung.

Die Karriere schien jedenfalls vorerst in trockenen Tüchern, so hätte es noch eine Weile weiterlaufen können, doch das Schicksal hatte es eilig und schlug zu. Umgehend. Mit der Axt! Gleich zwei Mal! Über diese beiden Schicksalsschläge – über zwei besondere

Begegnungen in meinem Leben, die mich wieder geöffnet haben – werde ich an anderer Stelle in diesem Buch etwas mehr schreiben. Weil sie wie ein Brennglas mein eigentliches Problem mit Nähe und Liebe vergrößerten und endlich das sichtbar machten, was ich vorher einfach nicht erkennen konnte.

Alles ist offen jetzt, ich bin eine einzige Wunde geworden. Und es ist gut so. Sonst wäre das Buch in dieser Form nie entstanden. »*Wenn du liebst, leidest du. Wenn du nicht liebst, wirst du krank.*« Wenn Sigmund Freud damit recht hatte, dann liegt im Leiden auch der Weg zur Heilung. Man kann nicht nur das Angenehme fühlen – entweder wir fühlen alles, auch die Angst und den Schmerz, denen wir lieber aus dem Weg gehen, oder wir werden krank und gefühlstaub.

»*Nur wer verletzbar ist, erlaubt seinem Herzen auch, wahres Glück zu fühlen, das so echt ist, dass es uns beängstigt*«,[2] meinte übrigens Bob Marley dazu, der *Sigmund Freud* der Reggae-Musik.

Es gibt keinen Regenbogen ohne Regenschauer, kein neues Leben ohne die Schmerzen der Geburt. Wir wachsen erst an unseren Verletzungen und Tiefschlägen, nicht an unseren Erfolgen. Wir wachsen nur, wenn es ab und zu regnet. Jetzt fühle ich mich regelrecht wie neu geboren! Die Liebe raubt mir komplett den Atem, dann beatmet sie mich wieder. Oft macht sie mich sprachlos – nichts ist dann mehr in Worte zu fassen. Und dann rede ich wieder stundenlang auf *sie* ein und versuche, alles zu erklären – bis sie mir den Finger auf die Lippen legt und ich weiß, jetzt sollte ich besser ganz tief Luft holen.

Ich kann mich endlich wieder fallen und in Ruhe lassen, ohne mich ständig in Gedanken über vergangene Erfahrungen oder die Konsequenzen in der Zukunft zu verlieren. Ich habe mir früher so viele Gedanken darüber gemacht, was gestern falsch lief und wozu es morgen führen könnte, dass mir gar nicht mehr bewusst war, was ich *jetzt* hier eigentlich gerade alles erleben kann. In meinem Tagebuch habe ich dazu folgende Gedanken festgehalten:

Immer irgendwo anders sein wollen, aber nicht hier!
Immer etwas anderes erleben wollen, aber nicht das!
Und sicher bald, aber nicht jetzt,
und nicht nur einmal, sondern dann für immer! –
Das ist der Puls der Welt.
Und wer sein Leben diesem Puls unterordnet,
wird seinen eigenen Puls nicht mehr spüren –
der wird sich leer fühlen,
trotz einem Kopf voller Gedanken –
denn das Morgen ist immer leer –
es ist nur ein abstrakter Gedanke.
Auch morgen wird es wieder nur Jetzt sein!
Wer das Jetzt nicht annehmen kann,
wird es auch morgen nicht annehmen können –
wird es aber dann doch annehmen müssen,
wenn ihm keine Zukunft mehr bleibt.

Es gibt keine Garantien und keine Sicherheiten im Leben. Aber es gibt jetzt einen Schoß, auf dem ich einschlafen kann, ohne mich vor dem Erwachen fürchten zu müssen. Und wenn alles wegbricht, dann weiß ich endlich, dass ich fliegen kann und dass es weitergeht. Wenn wir immer genau wüssten, was die Zukunft bringt, dann wäre sie schon Vergangenheit. Es ist gerade das Überraschende, was das Leben erst lebenswert und *magisch* macht. Es waren doch auch immer die überraschenden Dinge, an die wir uns gern erinnern. Es war das Neue, das Unbekannte, das Unvorstellbare. Und genau dem verschließen wir uns mit viel zu exakten Vorstellungen und Plänen, was wir in Zukunft gern Angenehmes erleben wollen, wie es genau auszuschauen hat und wie wir jeden *Fehltritt* und jede Enttäuschung vermeiden können.

Ich kann nicht mit meinen Erkenntnissen von heute
die Entscheidungen in der Vergangenheit bewerten,
denn ohne diese Vergangenheit hätte ich
diese Erkenntnisse nicht.

Sich nur dem Angenehmen und dem Gefahrlosen hinzugeben und Enttäuschungen um jeden Preis vermeiden zu wollen ist, wie mit nur einem Bein zu tanzen – das können wir machen, aber so kommt niemand wirklich von der Stelle. Wer auf einem Bein herumhüpft, muss ständig in Bewegung bleiben, um nicht umzufallen. Aber irgendwann setzt die Erschöpfung ein. Dann landet man doch da, wo man eigentlich nie hinwollte, nämlich ganz unten – und kommt womöglich nicht mal mehr aus eigener Kraft wieder hoch. Auf dem Ball der Einbeinigen ist alles gut, solange jeder mithüpfen und Erfolge vorweisen kann. Aber wehe, einer fällt um.

Die Liebe berührt mich gerade deshalb jetzt so tief, weil ich den Schmerz und die Wahrheit wieder zulassen kann und mit beiden Beinen auch auf die Angst zugehe und Enttäuschungen in Kauf nehme. Und die Liebe ist so groß, dass darin Gefühle einfach nur Gefühle sein dürfen, der Schmerz einfach nur Schmerz – und ich einfach nur ein Mensch sein darf. Die Liebe *ist* das ganze Theater, nicht das halbe – die Liebe ist das alles! –, die Liebe ist der Tanz der Gegensätze: Licht und Schatten, richtig und falsch, hoch und runter, Freude und Schmerz. Und darin tanzt sie sich erst frei.

Ein ständiges Drunter und Drüber, dem wir uns hingeben dürfen, um die eigene Mitte und unsere ganze Fülle auszuloten, doch dazu müssen wir uns trauen und vertrauen. Alles will einfach nur erfahren und erlebt werden – und wir sollten eben miteinander durch diese Welt tanzen und nicht nur nebeneinander vor der Glotze hocken oder hintereinander die Karriereleitern und Ranglisten hochsprinten. Der schönste Tanz zwischen zwei Menschen ist möglich, wenn sich da zwei finden, die sich diesem Tanz, diesem Auf und Ab hingeben können – die ihre eigenen Schatten genauso willkommen heißen wie ihr Leuchten –, die sich dem Schmerz hingeben, so wie sie sich der Freude hingeben wollen. Und wo sie alle Seiten in sich selbst erkennen und mit ihrem Licht willkommen heißen, können sie andere Menschen auch ganz in ihrem Leben begrüßen. Sie müssen nicht jeden wieder durch die Tür jagen oder auf Abstand halten, der sie im Spiegel mit der eigenen Dunkelheit und dem Unbewussten begrüßt. Liebe ist wie Höhenkrankheit, je höher man steigen will, umso mehr raubt sie einem erst einmal die Luft. Aber man gewöhnt sich nach einer Weile daran. Und dann ist ja da dieser Ausblick oben!

Entweder wir fühlen alles oder wir fühlen
am Ende gar nichts mehr.
Und was wir nicht fühlen wollen, das müssen wir
mit viel Anstrengung wegdenken.

Es heißt oft, dass Liebe angeblich nicht wehtut, sondern dass nur Menschen uns wehtun, die nicht lieben können. Aber ist das wirklich so einfach?

Wenn wir uns selbst lieben und respektieren würden, könnten uns sicher viele nicht mehr verletzen. Wir sind so verletzbar, weil da noch wunde Stellen in uns sind – wir uns noch unfrei und unbewusst auf Auseinandersetzungen einlassen –, weil wir uns noch nicht bewusst und auf gesunde Weise von anderen abgrenzen können. Wir lassen uns verletzen, weil wir selbst noch an diesen wunden Punkten zweifeln oder nur ungern hinsehen wollen, und manchmal auch, weil wir uns wenigstens wieder spüren, wenn sie aufgerissen werden. Wir sind eifersüchtig und brauchen Sicherheiten und Garantien, weil uns vielleicht noch Verlustängste plagen. Wir manipulieren, kontrollieren und geben uns für Machtspiele her, weil wir uns nicht hilflos fühlen wollen. Wir lassen uns vielleicht sogar demütigen und schlagen, weil wir jeglichen Selbstrespekt verloren haben. All das gehört auch zur Liebe, aber dann ist sie noch nicht frei und zeigt uns erst unsere Wunden, damit wir endlich bewusst hinschauen und uns um sie kümmern können, damit Heilung geschehen kann.

Jeder liebt, wie er kann und wen er kann. Und wir lieben uns manchmal so lange gegenseitig kaputt, bis wir uns zwangsläufig entschließen müssen, uns zu reparieren, um gesünder, freier, tiefer und ohne Angst und Zweifel lieben können. Aber wir sind eben Menschen, keine erleuchteten Buddhas, und eine Liebe ganz ohne Schmerz ist eine Illusion. Ob wir uns aber von anderen Menschen weiter unbewusst verletzen lassen oder lernen, uns bewusster von ihren Problemen, die nichts mit uns zu tun haben, abzugrenzen, ist ein großer Unterschied. Jede Beziehung kann uns dabei helfen, unsere eigenen Stärken und Schwächen bewusster zu erleben – wie auch die eigenen Grenzen und die der anderen. Jeder Mensch hat Grenzen und sollte sie kennen und achten. Und erst wo wir klare Grenzen ziehen und respektieren können, wo wir uns also wirklich kennenlernen und Verantwortung übernehmen, da kann der Strom der Liebe und der Leidenschaft überhaupt erst wie in einem Flussbett ungehindert fließen.

Eine solche Liebe ist wie Musik und Tanz – wohin der Tanz führt, spielt doch gar keine Rolle. Geht es denn beim Tanzen darum, irgendwo anzukommen? Geht es in der Musik darum, möglichst am schnellsten die Schallplatten zu drehen, ohne dass die Nadel vor dem Schlussakkord aus der Spur fliegt? Geht es in der Liebe um ein klares Ziel, muss man immer alles schon vorher wissen?

Genau deshalb!

Vor ein paar Minuten erreichte mich die E-Mail einer mir unbekannten Leserin. Ich bekomme recht viel Post, aber diese E-Mail ist eine Premiere, was das Thema angeht, und das Timing könnte nicht besser sein. Die Absenderin entschuldigt sich für ihre Frage und möchte gern wissen, warum ich bei all meinem Sehnen und Suchen nach Wahrhaftigkeit denn meine Vergangenheit und meine »ganze Wahrheit über meinen Ursprung« in meinen Büchern, Podcasts und Vorträgen verleugnen würde. Gerade diese Wahrheit würde doch meine Geschichte und auch meine Schlüsse und Erkenntnisse erst wirklich echt und authentisch machen und verständlicher für die Menschen, die etwas von mir lesen und mir zuhören, meint sie. Sie fragt, wovor ich solche Angst habe.

Ihre Direktheit verunsicherte mich erst und ich wusste genau, was für eine Wahrheit sie ansprach, aber nach kurzem Zögern antwortete ich dann doch: »Es kommt bald ein neues Buch und das Leben ist immer ein Prozess. Schauen wir mal, was diesmal drinsteht und wie ehrlich ich sein kann. Man kann vieles ausplaudern, aber alles hat Konsequenzen und nicht immer nur für uns selbst. Du, als Mutter, wie du schreibst, musst doch auch immer für mindestens zwei Menschen abwägen, nicht nur für dich selbst. Klarheit braucht Zeit. Ich bin auf meinem Weg in den letzten Jahren noch gewachsen, manchmal fehlte mir eben noch der Mut. Ich bin auch nur ein Mensch, aber am Ende stehen wir alle vor der Wahl: Liebe oder Angst! Ich möchte in dem Buch, das ich gerade schreibe, keine Angst mehr haben, etwas nicht ansprechen zu dürfen, denn es ist ein Buch über die Liebe.«

Sie schreibt mir zurück und fasst meine Gedanken so wunderbar zusammen. Es liege ihr fern, mir zu nahe zu treten, lässt sie mich wissen. Sie empfinde es als schlimm, wenn man gerade in der unseren Zeit seine Liebe und Wahrheit nicht leben dürfe oder leben könne, weil andere einem ein Dogma auferlegt hätten. Sie wisse, wie Lebenslügen zerfressen könnten. Liebe sei nicht kompliziert, wir machten sie nur mit all unseren klugen Gedanken, die gern noch klüger und sicherer wären, fast unmöglich heutzutage. Die Liebe aber frage nicht, warum, sie hinterfrage nicht den Weg oder das Ziel – und vor allem frage sie nicht, wen oder was oder wann!

Manchmal sind Begegnungen einfach nur Magie.

Auch diese Begegnung mit ihr hat von Beginn an einen großen *Zauber*. Wir spüren uns ohne viele Worte, sie durchschaut mich, ohne mich wirklich zu kennen. Wir staunen über das Timing ihrer Nachricht und darüber, dass das Leben mit seinen alltäglichen Situationen vielleicht doch die spannendsten Geschichten schreibt – man muss das Leben eben nur schreiben lassen. Aber spannende Geschichten haben immer zwei Seiten, sie brauchen Kontraste und Gegensätze.

Wie bei den Gezeiten des Meeres, so umspült uns das Leben manchmal reich mit schönen Erfahrungen. Wir sollen sie annehmen, uns hingeben und dankbar sein. Und dann werden sie doch wieder fortgerissen, es folgen Entbehrungen und Enttäuschungen – aber gerade darin dürfen wir das Wichtigste im Leben lernen, meinte der Buddha, nämlich: loszulassen. Und je besser wir das beherrschen, desto mehr können wir erleben, wachsen und uns entfalten. Und das sollten wir auch, denn schon die nächste Flut kann uns so viel mehr noch bringen. Aber dazu müssen wir stark genug geworden sein und frei von alter Last, sonst reißt die Flut uns fort oder ertränkt uns. Zu einem erfüllten Leben gehört beides: festhalten und loslassen können. Man kann sich dem Schönen nur ganz hingeben, wenn man bereit ist, sich beidem hinzugeben, dem Gewinn wie dem Verlust.

Selbst wenn wir alle unsere Ziele erreichen würden, sähen wir uns mit neuen Problemen konfrontiert. Wenn wir endlich erfolgreich und reich sind, dann werden wir Angst bekommen, alles zu verlieren oder zu erkranken. Wir entkommen den Lektionen des Lebens nicht, die uns das Loslassen lehren wollen. Spätestens am Lebensende müssen wir ohnehin alles loslassen … egal wie sehr wir klammern. Nur Erfahrungen, denen wir uns ganz hingegeben haben, müssen wir nicht mehr loslassen – was wirklich erlebt und durchlebt wurde, ist auf seine Weise unvergänglich.

Gerade erreicht mich eine weitere E-Mail dieser Frau. »Immer dann, wenn wir es am wenigsten erwarten«, so schreibt sie, »zaubert das Leben herrliche magische Momente aus dem Zylinder. Man muss sich wieder darauf einlassen können.« Ich finde ihre Worte einfach wunderbar und bedanke mich wieder für die Inspiration und die Bestätigung meiner Gedanken. Aber sie insistiert, dass es bei Herzmenschen keinen Dank braucht. *Herzmenschen* – ein Begriff, den einige meiner Freunde immer gern verwenden, um sich von den sogenannten *Kopfmenschen* abzugrenzen. Die Frau fragt nach, ob sie mir auch wirklich nicht zu nahe getreten ist mit ihrer Frage nach der *Wahrheit über meinen wahren Ursprung* in der ersten Nachricht.

»Gibt es denn für Herzmenschen ein ›zu nahe‹?«, frage ich zurück.

Ihre Gegenfrage ist ganz nach meinem Geschmack: »Gibt es für Herzmenschen Grenzen und Konsequenzen, Janice?«

Nein, stattdessen gibt es einen freien Willen und weniger Süchte und Abhängigkeiten – außerdem gibt es dann Mitgefühl, Empathie und Respekt im Herzen und ein gesundes Bauchgefühl, als Leitlinien für das, was man will. Das ist allemal besser als nur Gewissen, Gebote und Schuld*gefühle* im Kopf.

Meine Offenheit über meinen Ursprung, den sie anspricht, wird rational gesehen sicher Konsequenzen nach sich ziehen, und ich werde sie tragen, weil ich jetzt endlich bereit dafür bin, mich mit dem Herzen der Wahrheit hinzugeben, und weil mein Bauch sagt, dass es jetzt so weit ist. Und ich will diese Konsequenzen tragen. Denn ich bin davon überzeugt, dass ohne absolute Ehrlichkeit auch kein glaubwürdiges Buch über das unglaubliche Wunder der Liebe und der Heilung denkbar ist – Liebe, die mir nun geschieht und die in ihrer Wahrhaftigkeit so ganz anders ist, als ich es in meinen begrenzten Vorstellungen und in meiner Fantasie erwartet hatte. Es blieb nicht viel übrig von meinen alten Vorstellungen über die Liebe als eine einzige große (Ent-)Täuschung – und vor allem schreckliche Zweifel und Angst davor, einen gewaltigen Fehler im Leben gemacht zu haben, der sich nicht revidieren lässt. Aber erst in einer dunklen Krise konnte die wahrhaftige Liebe überhaupt wieder erblühen und mir zum Licht werden. Ich kann erst richtig lieben, seit ich auch den Schmerz und die *Dunkelheit* umarmt habe, die viel zu lange in mir beleuchtet und endlich gefühlt werden wollten.

Und wie sollte es anders sein, natürlich bekomme ich wieder eine E-Mail an dieser Stelle: Ihre Psychologin habe sie einmal gefragt, wie es sein könne, dass eine Frau mit ihrer Vergangenheit – mit so vielen Lügen, Betrug, Hass, Wut, Angst, Gewalt und Dunkelheit! – dann trotzdem so viel Gefühl, Licht und Liebe in sich trage? Ihre Antwort: »*Genau deshalb!*«

Ja, genau deshalb. Weil sie sich ebenfalls dem Schmerz und der Hoffnungslosigkeit in ihrer Tiefe hingegeben hat, ohne sich vor anderen zu verschließen und zu verstellen – ohne zu lächeln, wenn ihr eigentlich nach Heulen zumute war. Weil sie gefühlt hat, was wirklich gefühlt werden wollte, anstatt *vernünftig zu sein* und *sich zusammenzureißen,* um am Ende vielleicht gar nicht mehr genau zu wissen, was da alles unterdrückt wurde und warum das Herz sich nicht mehr klar entscheiden kann, was es eigentlich will. Wer hoch hinauswill, der muss auch tief hinunter! Und so schlimm ist es da unten gar nicht, wenn man sich dafür entscheidet, bewusst tauchen zu gehen – denn dann ist es kein panisches Ertrinken mehr. Aber auch diese Furcht vor Krisen und dem Scheitern wurde uns von Kindesbeinen an eingeimpft: *Klettern ist hui, Fallen ist pfui!* Plötzlich gab es gute und schlechte Gefühle, vor allem gab es richtig und falsch und es gab *Fehler.* Vorher hatten wir einfach nur geweint, als wir vom Baum abgestürzt waren, und dann sind wir wieder hochgeklettert. Oder wie oft sind wir gefallen, wie viele Fehler haben wir gemacht, bis wir endlich Laufen gelernt haben! Wie oft müssen wir wohl hinfallen, bis wir lernen, richtig zu lieben? Mut zum Fallen sollten wir beweisen und dann wieder aufstehen und weiter – aber bitte nicht liegen bleiben.

Viele Menschen hoffen auf die große Schicksalsbegegnung, streben nach schnellem Erfolg, nach schnellem Geld, Status, Wissen und stets nach anderen Menschen, die ihnen auf die Schultern klopfen. Mehr, mehr, mehr – schneller, schneller, schneller! Aber so oft schämen wir uns offenbar auch für unsere Unzulänglichkeiten und Fehltritte, wollen nur nicht negativ auffallen und fürchten, aussortiert und von der Liste der Gewinner gestrichen zu werden. Denn das setzen wir schnell damit gleich, *nicht liebenswert zu sein und nicht mehr dazuzugehören.*

Verhalten sich aber eigentlich nicht nur Kinder so, die sich noch beweisen müssen, die sich davor fürchten, nicht mehr zur coolen Gang zu gehören? Es ist kein wirklich erwachsenes Verhalten, seine vermeintlichen Schwächen und Unzulänglichkeiten unterdrücken, verstecken und letztlich *wegdenken* zu wollen, nur weil sie weder

der Norm noch dem Ideal entsprechen – den Erwartungen der Gemeinschaft. Wir verlieren jedoch gerade das Besondere, das Wilde und Bunte an uns, wenn wir versuchen, uns starren und allgemeingültigen Glaubensmustern von Vollkommenheit anzupassen.

Die Perfektion liegt gerade im Imperfekten, in der Unvollkommenheit, das jedenfalls sagen die Japaner. Und dann reparieren sie ihr zersprungenes Geschirr, indem sie die Risse mit Gold ausfüllen, weil diese Makel und Fehler die Tassen und Schalen überhaupt erst zu etwas Einzigartigem und Besonderem machen. Aber meine Narben, Schwächen und Verletzungen zu vergolden, meine Ecken und Kanten, an denen sich andere stoßen, weil sie nicht ins Bild passen – lange wäre ich nicht auf diese Idee gekommen. Ganz im Gegenteil, ich fürchtete mich davor, dass jemand *meine Risse* entdecken könnte, wenn er mir zu nahe trat, und ich ließ mich nicht mehr wirklich berühren, weder meine Seele noch meinen Körper. Und irgendwie nicht einmal meine Gedanken. Echter Austausch wurde schwierig, andere Meinungen ließ ich nur selten gelten. Ich hatte immer recht! Wenigstens dann fühlte ich mich stolz auf etwas ohne Riss und Makel, auf meine unantastbaren und unumstößlichen Wahrheiten … Ich wusste viel, *dachte ich,* und es gelang den anderen auch nur äußerst selten, mich vom Gegenteil zu überzeugen. Aber vielleicht war ich auch einfach nur zu dumm geworden, um noch zu erkennen, wie dumm das eigentlich ist.

Es ist mir jedoch nie ganz gelungen, im Einheitsbrei der Masse mitzuschwimmen, erst recht nicht *ganz oben* – und ich habe es satt, weiter zu versuchen, in dieser grauen Masse unterzutauchen, um nicht negativ aufzufallen. Wenn wenigstens die Frisur sitzen und zum falschen Lächeln passen würde, wäre das ja schon die halbe Miete – aber meine Haare machen seit jeher, was sie wollen, und meine Mundwinkel leider auch.

Ich möchte der Welt der Vernunft, des schönen Scheins und der Gefallsucht den Rücken zukehren, in der jeder am besten immer lächeln und funktionieren soll und in der alle tiefen Ängste und Selbstzweifel möglichst wegtherapiert und runtergeschluckt werden müssen – und damit überhaupt erst im Unbewussten und ganz unbemerkt ihr zerstörerisches Werk verrichten können. Sie machen uns dann krank und kaputt und verwandeln uns wache und wandelnde Wunder in verwunderte Schlafwandler.

*Irgendetwas fehlt immer,
anderes ist stattdessen zu viel – aber selten
ist etwas einfach mal genug.*

Die Frau fragte mich heute also in ihrer E-Mail, warum ich nicht endlich ehrlich bin – warum ich bei all meinem Sehnen und Suchen nach Wahrhaftigkeit meine »ganze Wahrheit über meinen Ursprung« in meinen Büchern verleugnen würde. Gerade diese Wahrheit würde doch meine Geschichte und mein Schreiben erst echt und authentisch machen …

Mein Bauch sagt, dass sie recht hat, mein Kopf sagt, es ist total unvernünftig.

Ein bisschen Unvernunft muss sein

Mir ist durchaus bewusst, dass einige meiner ganz persönlichen Herausforderungen und Stolpersteine im Leben erst einmal komplett anders erscheinen mögen als die der meisten Menschen. Aber haben wir nicht alle im Grunde die gleichen Ängste und Zweifel, während unsere individuellen Herausforderungen und Lebensumstände so ganz andere sind? Meinen wir nicht oft, dass uns kaum noch jemand wirklich verstehen könnte, weil unsere Situation zu *speziell* oder *kompliziert* sei?

Wenn ich über die Liebe schreibe, komme ich um das Thema Selbstliebe nicht herum. Niemand kommt da drum herum. Ich möchte daher auch offen mit meinen individuellen Schwierigkeiten mit dem Thema Selbstliebe umgehen und ich hoffe, dass die Leserinnen und Leser darin dennoch viele Parallelen erkennen können, auch wenn ihre Situation auf den ersten Blick eine völlig andere sein mag.

Ich wurde in einem *falschen* Körper geboren – auf meiner alten Geburtsurkunde steht, dass ich als *Junge* zur Welt kam. Der innere Konflikt, der sich der Tatsache anschloss, in einem männlichen Körper zu stecken, den ich überhaupt nicht akzeptieren konnte, zerstörte jahrzehntelang jedes Selbstwertgefühl in mir. Er führte dazu, dass ich mich und mein Herz immer weiter verschloss. Ich wollte nicht auffallen, einfach *normal* sein … aber es funktionierte nicht.

Wie viele betrifft schon so ein Problem? Aber der Schmerz, die Verzweiflung, der Selbsthass, die Unsicherheiten und Ängste – aus welchem Grund auch immer – fühlen sich letztlich unabhängig von allen Ursachen in jedem Menschen gleich an – und sie stehen den Beziehungen zu anderen Menschen im gleichen Maße im Weg. Wir tragen alle unsere Päckchen und das große Geheimnis ist wohl, dass wir so unterschiedlich gar nicht sind. Gerade Konflikte mit dem eigenen Selbstbild kommen ja nun nicht selten vor.

Mit Anfang zwanzig fuhr ich von Autobahnbrücke zu Autobahnbrücke, nicht um drüberzufahren, sondern um runterzuspringen. Ich erinnere mich, dass ich unter der Kochertalbrücke in der Nähe von Heilbronn stand und über die Holzkreuze mit Namen und die Blumengestecke unter dem Brückenkopf nachdachte, während ich den Berg hinabstieg, um nachzuschauen, wo ich eigentlich aufschlagen würde nach etwa einhundertachtzig Meter freiem Fall. Wenigstens die Kreuze berührten mich noch! Ich passte einfach nicht in diese Welt und nicht einmal in den eigenen Körper. Und je mehr ich versuchte, hineinzupassen, umso weniger spürte ich mich selbst. Etwas stimmte in mir nicht, ganz grundlegend – denn was sollte mit der Welt oder mit meinem Körper nicht stimmen? Es waren doch so viele glücklich und glücklich verliebt da draußen, in ihren Körpern, so schien es damals jedenfalls ... nur ich fühlte und dachte eben anders. Ich war immer unglücklich und hatte das Gefühl, nicht dazuzugehören. Ich liebte niemanden und ich konnte keine Liebe annehmen, bis mir ehrlich gesagt am Ende auch fast alle anderen Menschen egal waren, aber zumindest konnte ich sie immer anlächeln und es mir nicht anmerken lassen.

Ja, das ist ein schrecklicher Einstieg in ein Buch über die Liebe. Aber ich war so enttäuscht vom Leben und so erschöpft und inzwischen öffnen sich so viele Menschen und erzählen, dass es ihnen genauso geht. Offenbar funktioniert es eben nicht, dass wir alles *Unpässliche* nur immer verschweigen, weglächeln und wegtherapieren und immer nur über das Licht reden und uns an die Gedanken klammern, dass es schon irgendwie, irgendwann einfacher werden wird. So viel wird über die wunderschöne Liebe und ein Leben ohne Schmerz und Verbitterung geschrieben und geteilt, die Welt sollte also erfüllt sein von Liebe und Mitgefühl – von Zuversicht und Lebensfreude. Aber das Gegenteil scheint eher der Fall: Ich jedenfalls nehme heute eine kaputte Welt und Umwelt wahr, voller komplizierter Beziehungen und komplizierter Menschen – sodass es immer häufiger am unkompliziertesten erscheint, gleich allein und ungebunden zu bleiben. Laut offiziellen Statistiken sind etwa vierzig Prozent aller Haushalte in Deutschland Singlehaushalte. Und die anderen sechzig Prozent? Läuft es wenigstens dort wie im Märchen? Wie viele Paare bleiben aus reinem Pragmatismus zusammen, wie viele schaffen es nicht, sich zu trennen, aus Angst vor dem Alleinsein, und fahren nur noch wie auf Eisenbahnschienen nebeneinander dem Lebensende entgegen? Die einen haben anscheinend Angst vor dem Alleinsein, die anderen vor Abhängigkeit und Beschneidung ihrer Freiheiten und ihrer Selbstständigkeit ... und einige wohl beides gleichzeitig.

Ein Buch über die Liebe zu schreiben, ohne die Angst, ohne den Schmerz und ohne die Verzweiflung im Leben von uns Menschen aufzugreifen, wie könnte das realistisch und ehrlich sein? Einfach nur Hoffnung machen, ein paar Mantras gegen die Angst zitieren, für etwas mehr Mut beim nächsten Date, und *zack!* fertig ist das magnetische Selbstbewusstsein, mit dem wir der großen Liebe dann morgen über den Weg laufen? Jeder weiß, dass das Unsinn ist! *Morgen wird alles besser,* das hofften sicher auch viele der etwa einhundert Milliarden Menschen, die bisher auf diesem Planeten verstorben sind.

Der Weg zu sich selbst, die Reise vom Kopf zurück ins Herz, wie es heißt, ist der beschwerlichste Weg im Leben. Was im Herzen nicht gefühlt werden darf, das landet im Kopf. Das macht den Kopf voller, aber das Herz immer leerer. Um das Herz wieder zu füllen, muss der ganze Ballast im Kopf, der da nicht reingehört, erst rausgeschafft werden. Und dazu müssen wir eben auch wieder fühlen, was einst weggedacht wurde.

Wenn wir uns bewusster, achtsamer und reifer auf diesen Prozess und auf unvermeidliche Enttäuschungen, Krisen und Ängste einlassen, lernen wir auch, mit den nicht so schönen Gefühlen viel weiser umzugehen als früher. Und wir brauchen uns nicht mehr so viele Gedanken darüber zu machen – Gedanken, die sich, wenn sie sich erst mal zu starren Verhaltensmustern eingefahren haben, doch nur noch im Kreise drehen und dem Erleben im Wege stehen. Der Ausweg in die Freiheit im Denken und zurück ins Fühlen führt durch den Schmerz und die Enttäuschung von falschen Vorstellungen und Lügen – Täuschungen eben –, darum möchte ich den Krisen in diesem Buch auch genug Platz geben. Mein größter Fehler entpuppte sich als mein glücklichster, der Schmerz war meine Heilung. Erst als ich mich auf meine tiefste Verzweiflung einließ, fasste ich Mut und fand meinen Weg zurück in die Liebe und in die Freiheit, zu fühlen, was wirklich gefühlt werden will. Ich möchte daher über mein *Scheitern* schreiben und aufzeigen, warum wir unsere größten Zweifel und Ängste auch in einem anderen Licht betrachten sollten, dem der Liebe und dem einer Chance. Um es in den Worten des Mystikers und Dichters Rumi auszudrücken:

»Lass die Dunkelheit deine Kerze sein.«

Als ich damals vor zwanzig Jahren, so um das Jahr 1999, nur noch im Kopf lebte, fast gar nichts mehr wirklich tief fühlen konnte und einsam und allein diesen Hang an der Kochertal-Autobahnbrücke hinabstieg, lag am Rande eines schmalen Geröllweges eine tote Blindschleiche. Das Bild habe ich heute noch vor Augen, es hat sich in mein Gehirn eingebrannt. Insekten machten sich über das tote Wirbeltier her. Keine schöne Vorstellung, hier genauso zu enden, wenn ich da oben runterspringe, dachte ich mir damals. Vielleicht bin ich noch blinder als jede Blindschleiche. Wenn ich sowieso am Ende sterben muss und sogar bereit bin, mich umzubringen, könnte ich doch vorher wenigstens noch so mutig sein und alles vergessen, was da angeblich richtig oder falsch sein soll – ich hätte doch nichts mehr zu verlieren, aber zumindest noch eine Chance! Ich könnte ein einziges Mal in meinem Leben ausbrechen und versuchen, dieses eine Leben so zu leben, wie ich es gern leben würde, und nicht so, wie die anderen es für richtig halten. Wenn dieser Weg zu schwer wird, wenn ich es nicht schaffe, dann kann ich immer noch springen.

Ich war mir sicher, dass ich genau wusste, was mein Problem war, und auch, was die Lösung sein könnte. Aber ich hatte Angst davor, dass es schlimmer enden würde als ein Brückensprung und noch mehr wehtäte – und ich hatte auch Panik davor, dass sich dieser Schritt als gewaltiger Fehler erweisen könnte, weil ich etwas übersehen hatte – ein Schritt, der sich nicht rückgängig machen ließ. Dann bliebe wirklich nur die Autobahnbrücke und ich hätte nicht einmal mehr eine Wahl.

Also wagte ich es und zog die Nummer durch. Letztlich muss ich gar nichts im Leben, aber ich kann die Möglichkeiten nutzen, die mir offenstehen – nur sterben muss ich, irgendwann.

Wenn der Ausweg zum Umweg wird

Etwas mehr als drei Jahre nach meiner Entscheidung unter der Brücke wachte ich mit dreiundzwanzig Jahren in einem Krankenhaus am Ende der Welt auf. Nach inzwischen einem guten Dutzend Eingriffen und Operationen im In- und Ausland hatte ich mich daran gewöhnt, an völlig fremden Orten aus der Narkose aufzuwachen. Auf einer Bank vor dem geöffneten Fenster schlief eine Krankenschwester, die schweren Vorhänge waren fast komplett zugezogen, eine kleine Lampe brannte auf einem Tisch. Auf dem Flur konnte ich Geschirrwagen klappern und Lautsprecherdurchsagen auf Thailändisch hören. Auf den Straßen der Stadt brummte und hupte der Alltag, als wäre unterdessen überhaupt nichts geschehen. Es roch nach Mittagessen, aber welcher Wochentag war heute? Donnerstag vielleicht, so wie am Tag meiner ersten Geburt? Alles schien seinen gewohnten Weg um mich herum zu gehen, neben der Eingangstür zu meinem Krankenzimmer stand ein Rollstuhl. In den nächsten Tagen kamen die Schmerzen, aber auch daran hatte ich mich in den vergangenen zwei Jahren gewöhnen können.

Nachdem ich ein paar Tage später in den Rollstuhl umsteigen konnte, landete ich in einem Hotelzimmer in Pattaya, südlich von Bangkok, um dort wieder ganz auf die Beine zu kommen. Jeden Tag wagte ich einen Schritt mehr. Etwa zwei Wochen nach dem Eingriff ließ ich mir alle verbliebenen Schläuche und Katheter ziehen – aus dem Oberkörper, aus dem Unterleib. Ich kletterte aus dem Bett, zog mich ganz aus, entfernte die letzten Verbände selbst und stellte mich nackt vor den großen Spiegel neben der Badezimmertür.

Zum ersten Mal in meinem Leben waren für einen Augenblick mein Körper, meine Seele und mein Geist wie aus einem Guss. Ich fühlte mich angekommen und in der Mitte in mir selbst. Alles schien *perfekt*. Ich weinte, ich fühlte, ich lachte und betastete meinen Körper.

Der Weg schien jetzt frei für ein anderes Leben, ein Leben ohne Depressionen und ohne Schmerzen, ohne Selbstzweifel und Selbstmordgedanken – ein Leben bald ohne gewaltige Operationsschulden, ohne entwürdigende Begutachtungen und Gerichtsverfahren wegen Änderung eines kleinen Vornamens und eines Geschlechtseintrages im Personalausweis oder in der Geburtsurkunde aus dem Jahr 1977. Aber es war nur eine kurze Zeit in meinem Leben, in der endlich alles gut zu werden versprach.

Die Schmerzen zogen sich über Monate hin. Und wer ein Leben lang gegen seinen Körper und gegen sich selbst gekämpft hat, der kann nun einmal nicht einfach damit aufhören, nur weil die äußeren Umstände sich verändert haben. Wer nichts anderes als Selbstzweifel kennt und sich nicht für liebenswert hält, kann sich höchstens das Gehirn rausoperieren lassen, damit das aufhört, denn da steckt das eigentliche Problem, im Kopf und nicht im Körper. Ich war *gut,* egal wie ich war. Aber so weit war ich damals noch nicht, um das zu erkennen.

Um Frieden zu finden, müssen wir nicht nur die Umstände ändern, sondern auch unsere Einstellung. Aber diese Erkenntnis in der Wirklichkeit umzusetzen ist ein ganz anderes Thema. In meinem Kopf brauchte ich schon allein Wochen, um die Einstellung dahingehend zu ändern, wie das mit dem Pinkeln jetzt zu funktionieren hatte, bei all den neuen körperlichen »Umständen«. Da fehlte etwas am Körper, was im Kopf aber noch da war. Die Einstellung zu verändern ist die eigentliche Herausforderung. Und manchmal gehören leider schwere Krisen und Schmerzen dazu, bis der Kopf endlich begreift, dass es *so, wie es bisher* lief, nicht mehr weiterlaufen *kann*. Erst dann ist er für überraschend andere, völlig neue Wege und Erfahrungen bereit.

*Man kann nicht nur das Angenehme fühlen –
entweder wir lassen uns auf alles ein,
auch auf die Angst und den Schmerz,
denen wir lieber aus dem Weg gehen,
oder wir werden krank und gefühlstaub.*

Obgleich ich endlich im *Wunschkörper* angekommen war, wurden meine Probleme nicht weniger. Einige blieben bestehen, andere kamen noch dazu. Vor allem die Überzeugungen, ich wäre nicht liebenswert, hässlich und ein einziger Fehler, schienen besonders hartnäckig in meinem Denkapparat verwachsen, fast wie ein Krebsgeschwür. Das ging nicht weg. Ich hatte weiterhin ständig Angst davor, verurteilt, ausgegrenzt, nicht gemocht zu werden und nicht zu genügen. Als Frau zweiter Klasse fühlte ich mich, die sich besser verstecken und in der Masse unsichtbar bleiben sollte. Und es gab leider auch genug schlechte Erfahrungen, die mir diese Vorsicht immer wieder bestätigt hatten. *Nein, du bist nicht okay, so wie du bist, Janice!*

Man fällt eben erst einmal auf. Noch bevor man überhaupt Hormone und Operationen bekommt, muss man sich schon öffentlich outen und ins Wunschgeschlecht *wechseln*, denn sonst gibt es keine Gutachten – jeder sieht also erst einmal sofort, was los ist. Ich schämte mich und wurde verurteilt, leider auch verletzt, und manchmal sogar attackiert und erniedrigt. Vieles passiert im Augenwinkel: Man sieht Menschen tuscheln und Zeigefinger deuten, man tut so, als wäre das ungesehen geblieben. Die alten *Freunde* distanzierten sich fast alle, ich wurde gebeten, aus der Wohngemeinschaft auszuziehen, wurde nicht mehr eingeladen. Erst wenn man bereit ist, das alles auf sich zu nehmen, gilt man auch offiziell als *bereit* und wohl als *krank* genug für die Unterstützung von Krankenkassen und Amtsgerichten. Dann wird auch ein *Leidensdruck* anerkannt, der groß genug ist. Mein Selbstbewusstsein und mein Selbstwertgefühl waren nie besonders ausgeprägt, aber nach diesem Prozess der Veränderung und Begutachtung traute ich mich kaum noch, mit anderen Menschen zu sprechen. Was andere über mich denken könnten, rückte immer mehr in meinen Fokus.

Egal wie weit man kommt, hinter jeder Ecke wartet ein neues Risiko, abgelehnt oder verletzt zu werden, man braucht einen dicken Pelz, am besten ein Stachelkleid! Wie fühlt es sich wohl an, wenn man dann tatsächlich sogar optisch nicht mehr auffällt, wenn keiner mehr was merkt, solange man still ist, man aber in einem Saal vor fast eintausend Menschen mit dem alten männlichen Vornamen aufgerufen wird und auf die Bühne muss, ohne vor Scham im Boden zu versinken? Wie sicher kann man sich fühlen, wenn Ärzte in der Notfallklinik herumrätseln, weil sich keine Gebärmutter im Ultraschall findet. Ich wurde hypersensibel und irgendetwas war eben immer, wenn auch nur ein Haar am Körper, das der Laser nicht erwischt hatte – irgendetwas fürchtete ich immer. Und oft hörte ich: »Hey, das ist doch normal, das haben auch Frauen«, aber eben nicht alles und nicht auf einmal! Nur im Kopf ist man sicher vor der Meinung der anderen, die immer mehr Einfluss auf das eigene Selbstbewusstsein und Selbstwertgefühl bekommt, aber leider ist man im Kopf nicht vor den eigenen destruktiven Gedanken geschützt. Nach einer Beziehung schrieb ich in mein Tagebuch:

Ich brachte große Zweifel –
du liefertest genug Indizien,
damit ich sie mir bestätigen konnte.
Wenn der Kopf nun mal nur Theater kennt,
dann hat das Herz vorerst Sendepause.

Dann kamen noch diese Schuldgefühle dazu. Und wie schuldig ich mich schon fühlte, weil meine Eltern so viel durchmachen mussten. Was sie an Vorwürfen wegen ihres *verunglückten Sohnes* zu hören bekamen, von anderen Menschen mit *normalen* Kindern, die sich wenigstens vernünftige und lösbare Probleme leisten konnten, so wie einen kaputten TV-Receiver oder eine Störung beim Internetzugang. Ich konnte nächtelang nicht schlafen, weil meine Entscheidung auch andere Menschen betraf, die ich nicht damit belasten wollte.

Natürlich dachte ich irgendwann, jeder hätte ein Problem mit mir und die ganze Welt sei so verurteilend – das Miteinander der Menschen wäre nur so lange problemlos, wie jeder in seiner einst zugeteilten Schublade bleibt, ganz gleich welche das ist. Wir saßen all das aus, meine Familie stand für mich ein und war immer da. Wenn ich nicht so stark gewesen wäre wie sie, hätte ich das bis heute nicht durchgestanden und wäre auch niemals bei mir selbst angekommen, geschweige denn bei anderen.

Wie sehr ich mich damals nach Liebe und Mitgefühl sehnte, nach diesem einen Menschen, der alles über mich weiß und der jede meiner Narben sieht und mich trotzdem liebt! Und wie sehr ich mich nach Frieden und Liebe in mir selbst sehnte! Und es kam auch immer jemand, nahm mich an, liebte mich – aber dann konnte ich diese Liebe doch nicht annehmen, zweifelte daran, weil ich mich selbst nicht lieben konnte, weil ich dachte, dass ich einfach nicht genüge und dass es am Ende doch nur wehtut. Wie hoffnungslos alles erschien, auch nach fast vierzig Jahren und genauso vielen Beziehungen, in denen ich mich nie ganz öffnen und hingeben konnte.

Das große Schubladenbewusstsein

Die Angst vor Verurteilung durch andere Menschen und vor sozialer Ausgrenzung begleitet mich schon seit meiner frühesten Kindheit. Jedes Kind eckt auf seine Art mit seinem besonderen Wesen an, versucht dann, sich anzupassen, und möchte integriert und gemocht werden – ich wollte nun einmal nicht nur ein Junge sein, ich fühlte mich eben anders, mochte Puppen und Autos, kletterte gern auf Bäume und flocht Blumenkränze. Ganz einfach eigentlich. Also ging ich auch irgendwann so in die Schule, wie ich mich fühlte. Ich erinnere mich genau an den Tag: die Weihnachtsfeier in der Grundschule. Ich dürfe nur teilnehmen, wenn ich vorher mein komplettes Schreibheft einmal abschriebe, hatte meine Lehrerin gedroht. Die coole Brieffreundin meiner Schwester hatte eine äußerst ungewöhnliche Handschrift, sie schrieb die Buchstaben nach links ausgerichtet. So hatte ich das noch nie gesehen – ich fand sie klasse und wollte unbedingt ebenso schreiben wie sie, nicht so wie in der Schule gelernt. Ich war megastolz, als es mir gelang und sich die Seiten in meinem Heftchen füllten. Meine Banknachbarin beeindruckte das ebenfalls, bis es an diesem Wintermorgen meiner Lehrerin auffiel und mir das Heft um die Ohren flog. Nachdem ich es abgeschrieben hatte, ging ich mit meiner Mutter einkaufen. In meinen Büchern über Dinosaurier und Urmenschen trugen alle Tiere und Menschenaffen den gleichen Pelz und die Haare gleich lang, mir leuchtete nicht ein, warum es jetzt plötzlich Pink und Röcke für langhaarige Mädchen und Blau und Hosen für kurzhaarige Jungen gab.

Über das folgende Drama mit meiner Mutter schreibe ich besser nichts, aber schließlich hatte ich im Geschäft die Kleidung und Schuhe bekommen, die ich anziehen wollte, und lief damit zur Weihnachtsfeier. Drei Schulklassen warteten draußen im Schnee vor dem Festsaal auf den Einlass, als ich als Letzte um die Ecke bog. Ich war aufgeregt, aber frohen Mutes und sehr stolz und glücklich, meinen Willen durchgesetzt zu haben. Das Einzige, was mich vor der Welle des Gelächters beschützte, die mir da entgegenbrach, war das kleine Schreibheft, das ich in meinen Händen hielt. Alles schien in diesem Moment falsch an mir, nur die Buchstaben in meinem Heftchen waren jetzt *richtig*. Sogar meine besten Freunde lachten über mich und meine Kleidung. Ich konnte nicht weg, ließ mich stundenlang auslachen und verspotten, ich fühlte mich so hilflos, so verletzt und so einsam! – Und es war das letzte Mal als Kind, dass ich einfach nur *ich* hatte sein wollen und mir keinen Kopf darüber machte, was andere über mich denken könnten. Ab jetzt legte sich keiner mehr ernsthaft mit mir an und jeder, der nicht meinen Vorstellungen entsprach, wurde von mir verurteilt – egal ob er zu dick, zu klein oder einfach nur zu schlecht im Schreiben war. Wer mich blöd anmachte und mir wieder dieses Gefühl der Hilflosigkeit und Ausgrenzung, der Einsamkeit bescherte, flog im hohen Bogen über meine Schulter. Zu Hause brachte ich mir selber Judo bei, übte mit der Bettdecke, was ich später an den Typen vier Klassen über mir exerzierte. Der gute Ruf und die Akzeptanz waren von nun an wichtiger als die innere Stimme und meine Gefühle.

Als ich besser lesen konnte, ich denke, ich war so neun Jahre alt, stöberte ich heimlich in einem ostdeutschen Jugend-Lexikon der

Sexualität – nicht für mein damaliges Alter bestimmt, aber durchaus für mein damaliges Interesse. Unter einem Eintrag mit dem Namen »Transsexualität« fand ich etwas, das irgendwie zu mir zu passen schien, doch leider stand da zwischen den Zeilen, dass es sich eher um eine Geisteskrankheit handle und ein würdiges Leben trotz Operationen und Hormonen im sozialistischen Arbeiter- und Bauernstaat eigentlich nicht zu erwarten wäre. Die meisten Betroffenen brachten sich scheinbar einfach irgendwann um, das war jedenfalls mein Fazit. Dass die Suizidrate tatsächlich erschreckend hoch war, auch in jedem anderen Land der Erde, konnte ich noch nicht sicher wissen. Dann stand da noch etwas von Intersexualität, Homosexualität und von Fehlern in den Chromosomen, aber das verstand ich damals alles nicht, und zu dem Zeitpunkt war es letztlich auch egal, was mich davon selbst betraf – die Konsequenzen schienen die gleichen. Die wirkliche Ursache fand ich erst viele Jahre später heraus, für den Weg selbst ist sie aber bedeutungslos.

Systemkonforme Jungpioniere und Mitglieder der freien deutschen Jugend hatten so eine *Krankheit* besser nicht, sondern nahmen später einfach ordnungsgemäß ihre Rolle als liebende Mutter oder eben als freundlicher Soldat in der Nationalen Volksarmee ein, in die sie hineingeboren wurden, das schloss ich aus der Lektüre. Damit begann mein Martyrium in der Schule erst richtig.

Vor ein paar Monaten traf ich eine ehemalige Mitschülerin, auch sie war immer anders gewesen, nur entsprach sie zu sehr dem Ideal *schön*. Sie schimpfte darüber, wie viel damals über sie gelästert wurde. Wenn man zu gut in eine Schublade passt, wird man offenbar auch schnell ausgegrenzt und erfährt Neid und Missgunst. Ich erzählte ihr, dass jeder Junge, den ich kannte, in sie verliebt gewesen war, was sie allerdings für einen Scherz hielt. Ich hatte immer angenommen, sie wisse es – aber je mehr ich darüber nachdachte, desto besser verstand ich, warum sie das nie bemerken konnte, sondern das Gegenteil wahrnahm.

Mir fallen gerade noch zwei andere Begebenheiten ein, die ebenso nachdenklich stimmen: Auf mein Gymnasium gingen zwei nette, schüchterne Jungen, die man stark ausgrenzte und oft verspottete, weil man sie für homosexuell hielt und sie aus dem *Rahmen* fielen. Mit beiden hatte ich eigentlich einen sehr guten Umgang. Einer davon fand seinen Weg, stand zu sich und schrieb mir vor einem Jahr, dass er früher heimlich in mich verliebt war. Wir lachten und verstanden uns super. Der andere fiel mir im letzten Sommer im Internet auf, er postete einen Kommentar zu einem Interview von mir: »*Wo ›sie‹ in der Öffentlichkeit steht, schuldet sie ›ihren‹ Fans die ganze Wahrheit über ihre Geschichte, dass ›sie‹ mal ein Mann war und ›XXX‹ hieß. Sie haben ein Recht darauf!*«

Ich traf ihn wieder, als ich meine Eltern besuchte, und sprach ihn direkt auf die Nachricht und die sonderbare Betonung an. Er schämte sich offenbar, gab mir ein Bier aus und sagte, er hätte das alles nicht so gemeint. Vor ein paar Monaten jedoch wurde mir ein neuer Beitrag von ihm zugespielt, in dem er Witze über mich machte, so unter der Gürtellinie … seltsam, da gefiel es ihm anscheinend! Ich verkniff mir einen Kommentar dazu, dass er früher einmal versucht hatte, mich zu küssen.

Es läuft doch so: Die Ausgegrenzten grenzen andere aus – die Verspotteten lachen über die, über die man noch mehr spotten kann, weil sie noch schwächer sind. Wenn andere uns ausgrenzen und nicht respektieren, sagt das erst einmal mehr über sie selbst und ihre eigene Unfreiheit aus als über uns.

Und wenn ich fliegen könnte,
fände sich noch einer, der mich für dumm hält,
weil ich nicht wie er die Treppen nehme.

Ach ja, wie lautete denn nun mein alter Vorname? Meist ist das eine der ersten Fragen, die sich im Gegenüber formen, wenn ich mich offenbart habe. Na gut: Mein alter Name war … Rumpelstilzchen!

Meine Freunde nannten mich manchmal MacGyver, wie diesen Typ aus der US-Serie, der mit einem Taschenmesser und einem Kaugummi ganze Armeen in die Knie zwang. Dann kam CB-Funk in Mode und ich konnte mich endlich und fast überall »Juliett« nennen. Juliett bezeichnet den Buchstaben *J* im Funkalphabet, ein typischer Rufname also – aber natürlich steht Juliett auch für den weiblichen Vornamen Julia. Das Risiko, dass es jemandem auffiel und man mich damit wieder ärgerte, war nicht auszuschließen. Aber keiner störte sich daran, denn in der Schublade der CB-Funker war ein »Mädchenname« offenbar völlig okay. An meiner Männlichkeit bestand auch keinerlei Zweifel mehr für andere, denke ich, denn immerhin hatte ich eine der längsten Funkantennen von allen meinen Mitschülern. Nur zwei Jungs, die oft gehänselt wurden, weil sie übergewichtig waren und im Sportunterricht die Kletterstangen nicht hochkamen, hatten noch längere Antennen.

Ich mimte also den Superjungen und dann den Supermann, bis mir nur noch die Wahl blieb, mich von einer Brücke zu stürzen oder endlich zu versuchen, eine Superfrau zu werden. Leider kannte ich damals noch nicht die Liedzeile, dass auch Superwoman manchmal die Seele von Superman braucht.[3]

Aber wer würde diesen verletzten Menschen lieben wollen, der ich auf dem Weg zur Superfrau leider *nur* geworden war, mit meinen Narben – vor allem in der Seele –, mit meinen ganzen Selbstzweifeln und Ängsten vor zu viel Nähe? Wie sollte ich mich selbst schön und liebenswert finden in einer Welt kranker männlicher Ideale von dem, was begehrenswert weiblich ist – Ideale, denen kaum eine Frau, die so geboren wurde, entsprechen kann? Und ist es mit dem Ideal von Männlichkeit so viel anders? Ich gestehe, ich hatte mich gerade vertippt. Da stand die ganze Zeit »werblich« statt »weiblich«, ohne dass die Rechtschreibprüfung rebellierte. Und irgendwie bringt der Tippfehler das gemeine Schönheitsideal ganz gut auf den Punkt, finde ich.

Mit meiner Geschichte und mit solchen Idealen im Kopf hatte ich als junge Erwachsene gar keine Chance, mich wirklich im eigenen Körper wohlzufühlen. Ich hatte diese Stereotype und Rollenbilder längst selbst zutiefst verinnerlicht und versuchte, sie als einzig erstrebenswerten Phänotyp zu veräußerlichen, um den anderen zu gefallen – so wie Millionen geborener Frauen im richtigen Körper dies anscheinend ebenfalls versuchen. Das Bild in meinem Kopf, dem ich meinte entsprechen zu müssen, glich dem Ideal von Coverfotos auf irgendwelchen Hochglanzmagazinen. Doch den Anspruch, dem ich gerecht werden wollte, erfüllt kaum eine Frau, die ich je traf. Und einige, die ich kennenlernte, die sich in jeder Hinsicht schön, klug, erfolgreich und *liebenswert* hätten fühlen müssen, hegten oft die gleichen Selbstzweifel bis hin zu Suizidgedanken wie ich und fühlten sich genauso leer und taub. Da kann man in jede Schublade vorbildlicher *Weiblichkeit 2017* passen und trotzdem ist man nicht automatisch glücklich und mag sich.

Seltsam war auch, dass ich den Unterschied zwischen liebenswert und begehrenswert so schwer festmachen konnte und dass sich das Wesen der Schönheit hier nur schwer einordnen ließ. Vielleicht gab es ja tatsächlich viele Arten von Schönheit, gemäß dem Zitat von Sophia Loren: »*Nicht die Schönheit entscheidet, wen wir lieben, sondern die Liebe entscheidet, wen wir schön finden.*«

Natürlich kann man sich in jemanden *verlieben*, der einem auf Anhieb gefällt und der alle unsere Erwartungen und Ideale erfüllt – der die *Erfüllung* unserer Vorstellungen und Träume verspricht, der begehrenswert ist. In diesem Fall aber würde das Schöne nach einer Weile sicher schon aus Gewöhnung langweilig und müsste ständig optimiert werden oder das Begehren und die Verliebtheit nähmen ab. Ich meine, *verliebt* man sich in jemanden oder in etwas, nur weil man die Erscheinung auf den ersten Blick schön findet, egal ob Mensch oder Handtasche, dann hat man etwas entdeckt, was der eigenen Vorstellung von Schönheit sehr nahe kommt. Das Radar hat angeschlagen. *ping!* Aber dann liebt man nicht das Ding oder den Menschen an sich, sondern das eigene Bild im Kopf, und das Gefühl dabei, etwas erreicht und erfüllt zu haben. Weil aber die Wirklichkeit nie zu einhundert Prozent der Vorstellung entspricht und sich im Laufe der Zeit die kleinen vermeintlichen *Makel* und *Fehler* offenbaren, fängt man an, die Umstände, die Menschen, die Dinge verändern zu wollen, damit sie wieder zu dem Bild passen, das man liebt. Und es erscheint nun einmal einfacher, die Umstände zu verbiegen, als die Einstellung und die Vorstellungen zu ändern. Nur was geschieht, wenn wir die Umstände nicht ändern können oder unsere Vorstellungen einfach *unrealistisch* sind – zu begrenzt, aber gleichzeitig maßlos?

Die Umstände, das Äußere, die Wirklichkeit sind nie das, was wir in unseren Gedanken daraus machen oder daraus machen wollen. Ist wirklich alles Liebe, was glänzt, wenn jemand unseren Vorstellungen entspricht und wir ihn nur dann mögen oder nur die Seiten an ihm, mit denen wir einverstanden sind? Und was, wenn wir uns selbst mit unrealistischen Idealen heillos überfordern? Dann beginnen wir früher oder später, an uns herumzuschrauben und herumzuoptimieren, bis bestenfalls alles mit viel Aufwand und Glück zum Bild im Kopf passt – für eine Weile jedenfalls – oder bis wir dabei irgendwann in alle Einzelteile auseinanderfallen.

Die klassische Heldenreise

Wenn jemand von einer Tatsache überzeugt ist – oder überzeugt wurde, womöglich schon von Kindesbeinen an –, wird es schwer, diese Überzeugungen und Vorstellungen später wieder abzulegen. Wenn jemand zum Beispiel wirklich glaubt, dass die Erde eine Scheibe und nichts anderes richtig ist, dann wird es nahezu unmöglich, ihn später davon abzubringen. Alle anderen Meinungen würden abgelehnt, wäre doch schlimmstenfalls die ganze eigene Welt bedroht, die eigentlich nur eine Story im Kopf ist, ein Weltbild. Die Gläubigen werden zum Verfechter ihrer *Wahrheiten und Weltbilder* – für manche davon ziehen sie sogar in den Krieg. Umstimmen lassen sie sich nur, wenn unwiderlegbare Beweise auftauchen, denen sie nicht mehr aus dem Weg gehen können. Der ultimative Beweis für eine Erde in Kugelform wäre, dass der Skeptiker einmal selbst um die Erdkugel reist und neue, komplett andere eigene Erfahrungen sammelt. Erst dann würden die Zweifel ausgeräumt. Je mehr er auf seiner Reise erkennen würde, dass die Erde doch keine Scheibe ist, und je fester er davon überzeugt war, umso größer wäre auch die Enttäuschung … die eben das Ende einer Täuschung ist. Der Weg zur Wahrheit bedeutet also immer auch Mut zu Enttäuschung und Krise.

Was nun, wenn wir Menschen mit unseren Selbstbildern davon überzeugt wären, dass wir nicht ganz *rund* sind, sondern irgendwie nur platt und nichts Besonderes? Der Physiker und Nobelpreisträger Max Planck meinte dazu einmal:

»Eine neue Wahrheit pflegt sich nicht in der Weise durchzusetzen, dass ihre Gegner überzeugt werden und sich als belehrt erklären, sondern vielmehr dadurch, dass ihre Gegner allmählich aussterben und dass die heranwachsende Generation von vornherein mit der Wahrheit vertraut gemacht ist.«

Macht das nun Hoffnung? Die Geschichte der Menschheit und ihre Welt-, Götter- und Selbstbilder mit all den Kriegen darum, nein, das lässt kaum hoffen. Wie viele Generationen an Egoisten und Narzissten müssten noch geboren werden und sterben, bis sich neue Wahrheiten über Schönheit, Liebenswürdigkeit und das Wunder des Lebens, bis sich ein neues Paradigma des Miteinanders und der Liebe auf diesem Planeten durchsetzen würde? Wie lange würde es dauern, bis es neue Unterrichtsfächer wie *Streicheln, Zuhören und Mitfühlen* und *Sei du selbst!* gäbe? Und wann würde man die Noten und Beurteilungen dafür abschaffen? *Seine Bemühungen im Unterrichtsfach »Streicheln« waren leider nur mangelhaft!*

Einzelne Individuen können sich immer aus konditionierten Denkmustern befreien, indem sie sich selbst neu suchen. Aber wie viel Kraft kostet das? Und wer anders hätte schon die Motivation dazu als die Menschen, die sowieso *irgendwie* nicht mehr in das alte Paradigma hineinpassen, die nicht ankommen, nicht glücklich werden, nicht dazugehören, die müde sind und die ganzen *Werbeversprechen* des alten Glaubenssystems satthaben – die spüren, dass da *irgendwas* nicht stimmt und dass es da *irgendwas* anderes geben muss.

In alten Kulturen wie zum Beispiel in Indien wurden Menschen hoch geschätzt, die sich trauten, auszubrechen aus Kastensystemen und Schubladen im Denken, die auf die Suche gingen. Dieser Weg entspricht eigentlich der klassischen Heldenreise[4] in Erzählungen. Ich möchte diese auf vier Etappen herunterbrechen:

Zuerst fürchtet sich der Held vor dem Ruf des Abenteuers, vor dem anderen, dem Neuen und sicher auch vor der Einsamkeit. (Aber liegt die Einsamkeit wirklich vor ihm oder nicht vielleicht doch bereits in ihm?)

Er rüstet sich jedoch, sucht und stellt seine *Drachen und Dämonen* – seine Ängste und Zweifel, seine alten Überzeugungen – und besiegt sie.

Der Schatz und die Weisheit gehören ihm. Hier scheint die Heldenreise zu enden, doch seit *Der Herr der Ringe* wissen wir, dass wer auf dem Schatz hocken bleibt und alles für sich behält, selbst zum Ungeheuer wird.

Es folgt die Rückkehr ins alte Leben. Der Schatz wird geteilt und die Welt bereichert. Der geglückte Spagat zwischen Altem und Neuem macht den Helden erst vollkommen.

So eine Heldenreise anzutreten steht jedem frei. Je mehr Menschen sie wagen, umso besser für uns alle – gerade jetzt ist ihre Chance gekommen, wirklich etwas an- und umzustoßen. Ein Paradigmenwechsel wird umso wahrscheinlicher, je mehr Menschen alter Überzeugungen *müde* geworden sind. Die meisten von uns haben diese ständigen Auseinandersetzungen satt: in den Ländern der Welt, in den Büros der Konzerne, im Wohnzimmer mit dem Partner und mit sich selbst im Badezimmerspiegel.

Zudem überholt uns Menschen die Technologie, der Planet vermüllt, das Klima hat uns satt … Das Chaos in uns selbst spiegelt sich im Chaos in der Welt da draußen. Wir können die Welt nicht retten, wenn nicht jeder erst einmal in sich selbst Frieden finden kann. Veränderung beginnt in jedem von uns, und wem sie gelingt, der kann anderen ein Licht sein und hat Hände frei, um sie anderen zu reichen. Es besteht doch Hoffnung für uns, denn auch wenn wir wie

Dante Alighieri in der *Göttlichen Komödie* alle Kammern der Hölle durchwandern müssen, wartet am Ende trotzdem das Paradies. Oder frei nach dem Dichter und Philosophen William Blake: *Der Narr, der nur lange genug gegen die Wand rennt, wird irgendwann auch weise und hört damit auf.*[5]

Die Geschichte in diesem Buch ist meine Geschichte von einem harten und starren – einem vermeintlich starken Menschen, der immer wieder gegen die gleichen geschlossenen Türen und Wände krachte – hin zu einem weichen und flexiblen Menschen, der sich wieder öffnen kann, der sich verwundbar und fehlbar zeigt. Wir sind hier, um zu fühlen und zu entdecken, um uns bewusst auf das Leben einzulassen und darin dieses größte Wunder zu erfahren, das jemand nun mal Liebe genannt hat. Wer weniger fühlen will, muss mehr denken, planen und kontrollieren und sich fürchten, dass alles ganz anders kommt.

Es ist schwer, ein altes Selbstbild und alte Ziele und Überzeugungen aufzugeben, wenn man damit bisher ganz gut über die Runden kam und weitgehend sorgenfrei überlebt hat. Ganz schwer wird es allerdings, wenn man am Ende die Vergangenheit nur noch als Fehler begreift, weil man nicht weiterkommt, aber die Zukunft nicht mehr als Chance sehen kann.

Der Teil in uns jedoch, der sich und andere ständig verbessern will und weder sich noch irgendjemanden sonst für bedingungslos liebenswert und schön hält, der bräuchte erst einmal selbst ein Update. Der Versuch, mich mit meiner alten Einstellung selbst zu lieben, gleicht dem Versuch des Lügenbarons von Münchhausen, sich am eigenen Haarschopf aus dem Morast zu ziehen. Und auch er erzählte überall herum, es wäre ihm tatsächlich gelungen. Wer weiß, wie viele Lügenbarone in dieser Welt unterwegs sind, die behaupten, sich vom Selbsthass befreit zu haben und sich nun so zu lieben, wie sie sind?

So wie wir richten ...

Ich selbst drehte mich närrisch in den absurden Hamsterrädern der Selbstoptimierung und versuchte, mich am eigenen Schopf aus dem Morast zu ziehen, um mir und anderen endlich zu gefallen. Doch ich scheiterte daran: Ich konnte mich nicht so lieben, wie ich war, und ich konnte andere nicht bedingungslos lieben. Was mich in die Irre führte, waren felsenfeste Überzeugungen davon, wie alles zu sein hätte, und denen entsprach gerade ich nun mal äußerst selten. Wie schön und liebenswert ich tatsächlich war, unabhängig davon, wie die Haare saßen, was die Waage oder der Kontostand gerade anzeigten, das konnte ich nicht wahrnehmen. Ich sah stattdessen nur die Dinge an mir, die nicht zu meinen Vorstellungen passten, die Fehler, Makel und Unzulänglichkeiten. Und genau so betrachtete ich die anderen Menschen. Meine vorschnellen Urteile standen jeder echten Begegnung ebenso im Weg wie ich mir selbst.

Als Kind erkannte ich in Mustern der Natur immer sofort Gesichter und Figuren, ich verlor mich stundenlang im Betrachten von Wolken, Marmorfliesen und Parkettböden. Als Erwachsene jedoch entdeckte ich im Gesicht und auf dem Körper von Menschen gleich jeden Makel – und erst recht: in ihrem Kopf und ihrem Verhalten. Ein grausamer Missbrauch meiner Fantasie war das. Ich störte mich an dem, was nicht passte, was jemand nicht wusste, nicht schaffte, nicht fühlte. Die wirkliche Welt außerhalb meiner fantastischen Vorstellungen geriet immer mehr zu einem einzigen Fehler.

Am Ende sind es aber nur die eigenen Dämonen, die sich im Menschen gegenüber selbst verurteilen und bestrafen. Und mit jedem Urteil wachsen sie weiter. Auch ich musste einsehen, dass ich mich nur über Vergebung, Mitgefühl und Nachsicht dem anderen gegenüber heilen und *erlösen* kann. Die Last, die uns andere aufgebürdet haben, indem sie uns verurteilten, lässt sich auch nur am anderen abtragen. Indem wir endlich *Nein!* sagen zum Umbürden unserer Last und anders handeln, als wir selbst behandelt wurden. Das ist die Entdeckung der Eigenverantwortung und die Entdeckung der Selbstliebe in der Liebe zum anderen.

Liebe ist wie Höhenkrankheit,
je höher man steigen will, umso mehr raubt sie einem
erst einmal die Luft. Aber man gewöhnt sich daran.
Und dann ist ja da dieser Ausblick oben!

Wenn wir begreifen würden, dass wir mit dem Verurteilen und Ausgrenzen anderer Menschen nur unsere Selbstverurteilung, unsere Selbstzweifel, unser Selbstmitleid und den Hass auf uns selbst offen zur Schau stellen, dann käme bei vielen Menschen das ganz große Schämen und wir wünschten, wir hätten früher besser die Klappe gehalten. Wie frei wir andere sein lassen, zeigt an, wie frei wir selbst sind.

»Richtet nicht, damit ihr nicht gerichtet werdet!
Denn wie ihr richtet, so werdet ihr gerichtet werden,
und nach dem Maß, mit dem ihr messt und zuteilt,
wird euch zugeteilt werden.« (Matthäus 7,1–2)

In der Bibel steht übrigens noch so ein Satz, dessen Übertragung Raum für Interpretationen lässt: »*Liebe deinen Nächsten wie dich selbst*« oder »*Liebe deinen Nächsten, denn er ist wie du*«. Am besten gefällt mir die Formulierung des Philosophen Georg Wilhelm Friedrich Hegel: »*Liebe deinen Nächsten als dich selbst!*« ... *denn im anderen begegnest du nur dir selbst.*

Du willst Erfolg? Freue dich am Erfolg der anderen. Du willst dich schön fühlen? Erkenne das Schöne in den anderen. Du willst liebenswert sein? Entdecke die Liebenswürdigkeit der anderen. Du willst geliebt werden? Liebe erst einmal selbst. Du willst nehmen? Dann gib! Letztlich: Jede Schublade, in die wir andere stecken, wartet auf uns selbst – wie wir andere behandeln, so behandeln wir uns. Das geht schon in Richtung Karma – was wir erfahren, ist auch davon abhängig, wie wir handeln.

Als ich vom Atlantik in den Alltag nach Heidelberg zurückkehrte, brachte ich von da draußen ein paar neue Erfahrungen mit, wie sich Glück, Frieden und Freiheit anfühlen können, wenn man einmal aufhört, seine alten und oft viel zu kurzen Maßstäbe an die Welt und die Menschen anzulegen. Damit lässt sich ganz sicher kein Wunder vermessen. Für mich begann auf dem Ozean ein Weg in die Spiritualität – ich begann, meine alten Urteile und *Wahrheiten,* vor allem über mich selbst, zu hinterfragen. *Da ist mehr, da ist so viel mehr!,* schrie eine innere Stimme, ich konnte mich nicht mehr mit meinen alten Überzeugungen abfinden und so weitermachen wie vor meiner Reise. Ich hatte als junge Erwachsene völlig vergessen, wie berauschend und zauberhaft das Leben sein kann, wie viel ich empfinden, wie lebendig und wach ich mich fühlen kann – ich hatte einfach hingenommen, dass das Leben nun mal meist so unaufregend ist ... nichts Besonderes eben, wenn es nicht gerade irgendwie spektakulär knallt und brennt oder mal wieder ein Feuer unerwarteter Probleme gelöscht werden muss.

Als Beispiel möchte ich eine andere Begebenheit schildern, die mir dann auf meiner Suche nach dem Besonderen geschah. Es ist dabei unwichtig, ob es richtig oder falsch, ob es vernünftig oder unvernünftig war, aber an einem warmen Juniabend 2012 hatte ich mir mehrere Stunden lang einen Tee aus südamerikanischen Dschungel-Lianen gekocht. Zu der Zeit interessierte ich mich für Schamanismus und suchte darin einen Weg, um aus dem Kopf heraus und zurück in Kontakt mit meinen Gefühlen zu kommen. Ich erhoffte mir eine entspannende, leicht berauschende Wirkung und einen netten Abend von dem widerlich schmeckenden Sud, aber die Dosis war zu hoch. Ich verlor die Kontrolle und halluzinierte stundenlang. Als ich wieder zu mir kam, ertrug ich kaum, wie *wundervoll* mein Wohnzimmer jetzt war. Am meisten faszinierten mich die Pflanzen neben der Schrankwand und ein Muster im Parkettboden, das wie ein Mann mit langen Haaren aussah, ein bisschen wie Jesus auf den Flyern der Zeugen Jehovas. Ich konnte mit Worten nicht ausdrücken, wie *schön* das alles war. Ich fühlte mich wie in einem Traum, war aber wach. Ich griff zum Handy und wollte das Parkett fotografieren, um mich später an diesen Moment erinnern zu können – um nicht mehr zu vergessen, wozu Fantasie imstande ist. Ich vergaß es nämlich immer wieder, wenn es mal geschah. Ich schaltete die Kamera ein, aber da startete schon die Videoaufnahme. Mein Gesicht erscheint im Display. Die Aufzeichnung läuft, ich heule, lache und halte mir ständig die andere Hand vor den Mund. Ich sehe mich plötzlich ohne Makel und Fehler, ohne dass etwas mit mir nicht stimmen würde. Ich versuche, es zu begreifen und auszudrücken, es gelingt mir aber nicht, ich bin viel schöner, als ich es beschreiben kann, schöner als jedes Ideal. Ich bin ich!

Ich lief ins Schlafzimmer, setzte mich nackt vor den Spiegel und wieder war alles vollkommen, so, wie es war und wie es mich noch Stunden vorher angewidert hatte. Als die Wirkung des Tees nachließ, schaltete ich den Fernsehapparat ein. – Es gibt da einen Science-Fiction-Film, in dem der Protagonist eine besondere Brille findet und überall grässliche Außerirdische damit sehen kann, die sich als Menschen ausgeben. – Gerade lief eine Talksendung. Menschen stritten sich lautstark über Reformen in der Rentenpolitik. Da dachte ich, ich hätte so eine Brille auf! Ich ertrug das Theater und die Grimassen nicht. Die Wohnung mit ihren geraden weißen Wänden erschien so steril, die Cola bekam ich kaum runter, das Brummen des Kühlschranks hörte sich wie Tinnitus an. Also setzte ich mich wieder aufs Parkett im Wohnzimmer und staunte über die Muster im Parkett und über die Pflanzen.

Das war nur eine Grenzerfahrung von vielen, die folgten, in denen ich plötzlich mich und die Welt mit anderen Augen sehen konnte. Leider hielten solche Veränderungen in meiner Wahrnehmung und in meinem Urteilsvermögen meist nur einige Stunden an, dann ratterten und schnatterten wieder die alten Gedanken im Kopf los. Aber wenigstens wusste ich so, dass da wirklich *mehr* ist, dass man die Welt mit anderen Augen sehen kann, weil ich es eben erlebt hatte. Und ich erinnerte mich auch immer öfter, auch emotional, dass ich als Kind dereinst der Welt mit diesen Augen und Gefühlen begegnet bin. Aber die Erinnerung daran war tief in mir vergraben.

Mehr Menschen als Schubladen

Es gibt mehr Menschen als Schubladen. Aber jeder Mensch, der nicht in irgendeine Schublade passen will, stellt die ganze Gesellschaft und ihr System infrage, in dem sich doch alle einsortieren, anpassen und einordnen müssen. *Wieso du nicht, wenn ich doch auch, und sogar meine Kinder?*

Nicht auszudenken, wenn jeder einfach so sein dürfte, wie er ist, und tun würde, was er will! Das kann ja gar nicht funktionieren ohne Schubladen und Regeln, so meinen wir vielleicht mit unserem 40 000 Jahre alten Schubladendenken. Wir brauchen Normen, Gebote und Verbote noch für Erwachsene, aber sind sie dann wirklich erwachsen und handeln aus sich selbst heraus verantwortungsbewusst, rücksichtsvoll und mitfühlend? Sieht die Welt nicht auch ein bisschen wie ein Kinderzimmer aus – alles wird kaputt gespielt und weggeworfen? Hier streitet man sich um Schäufelchen, dort um Eimerchen. Und jeder vergleicht sich mit jedem.

Jeder darf so sein, was die anderen sich auch vorstellen könnten zu sein – auch der Tellerwäscher darf davon träumen, Millionär zu werden, beides ist also gerade noch okay. Aber keiner kann wirklich du sein. Du musst in eine Schublade, in die auch andere passen, weil sie genauso wenig sie selbst bleiben durften. *Pass dich an, mach mit, gefall den anderen, such dir einen Spielgefährten in deiner*

Schublade und sag endlich: Ja, ich will! Bis dass der Schubladentod uns scheidet.

Und jetzt stell dir vor, fast keiner würde es schaffen, in seiner Schublade glücklich zu werden, aber viele würden so tun, als ob. Warum solltest du dann glücklich werden dürfen, warum sollte man gerade dir erlauben, den Mund aufzumachen, den anderen den Spiegel vorzuhalten und ihnen etwas von einem Leben ohne Schubladen zu erzählen, das sie sich doch gar nicht mehr vorstellen können mit ihrem *modernen* und immer weiter differenzierten Schubladendenken, das so viel Freiheit wie nie zuvor verspricht? Aber sind wir frei darin, wirklich wir selbst zu sein und unseren Weg zu gehen … ist das so?

Wenigstens dieses Problem wurde mir ansatzweise wieder klar nach Erfahrungen wie der in meinem Wohnzimmer: Ich begriff, dass ich mich lösen musste von den Erwartungen der anderen, die ich als mein Selbstbild und als Vorstellung von einem erfüllten Leben und Lieben verinnerlicht hatte, wenn ich wieder staunen und fühlen wollte. Ich konnte die Wunder der Welt wiederentdecken wie ein naives Kind oder eben weiterhin alles verstehen und richtig machen und in *engkluge* Gedanken einsortieren. So viel Brainpower, wie ich hatte, ließe sich jedes Wunder und jede Überraschung zerlegen, erklären und einordnen in gut oder schlecht, in richtig oder falsch – aber wozu? Um noch mehr denken, mir noch komplexere Probleme und größere Dramen erschaffen zu können und am Ende trotzdem an mir selbst und am Nächsten zu verzweifeln? Wir dürfen all das machen, aber wir müssen es eben nicht! Wir können auch fühlen und das Besondere in allem wiederentdecken, so wie früher, als wir noch Kinder waren und zusammen die Abenteuerwelt erkundet haben.

Endlich! Gerade war ich 36 Jahre, 36 Monate, 36 Wochen, 36 Tage, 36 Stunden, 36 Minuten und 36 Sekunden alt geworden. Eine Sekunde, die wie jede andere auch auf einer Uhr heruntertickte, doch sie entsprach plötzlich einer Vorstellung von großer Schönheit und Symmetrie. Als ich meiner Freundin gerade freudig von diesem Ereignis schrieb, erfuhr ich, dass in den Sekunden vorher und nachher auch der Buddha Siddhartha Gautama Geburtstag hatte, sie kam gerade aus einem Tempel.

Diese eine Sekunde aber, die ich vor Monaten berechnet hatte, stand als Termin in meinem Kalender, mit Alarm. Jede andere Sekunde könnte auf diese Art etwas Einzigartiges werden. Der Kopf schafft es aber, nur einige Termine zu etwas Besonderem zu erklären, Geburtstage, Muttertage, Valentinstage etwa – zu denen sich hinreißende Geschichte erzählen lassen. Aber er schafft es eben nicht, in jedem anderen Augenblick das Besondere zu erkennen und sich berühren zu lassen. Das schafft nur das Herz! Es muss keine Geschichten erfinden, keine Termine verwalten, kein Theater und Spektakel inszenieren, es lässt sich auf *die Wirklichkeit im Augenblick* ein, und die ist immer anders, immer neu. Alle Termine, Daten, all die Geschichten darum – sie sind die Welt im Kopf, aber nicht die Wirklichkeit. Die Wirklichkeit ohne allzu viel Kopf ist immer ein Abenteuer, das wissen wir noch aus unserer Kindheit. Aber erinnern wir uns auch emotional daran, wie wir uns damals gefühlt haben? Ich jedenfalls hatte das meiste davon vergessen, hatte keinen Zugriff mehr auf diese Gefühle und so schien mir die nüchterne Gegenwart weitgehend als einzige Realität ohne Alternative. Ich hatte mich damit abgefunden und freute mich, wenn mal ein schöner Termin im Kalender stand und nicht nur unbequeme Fristen.

Die Wirklichkeit begann nicht an einem Montag – erst der Mensch begann irgendwann mit Kalendern, Wochentagen und Terminen und damit, alles zu kategorisieren und zu strukturieren. Der Wirklichkeit ist das egal, nichts gleicht dem anderen, keine zwei Dinge vereinen sich in einem Namen oder einer Nummer. Das existiert alles nur im Kopf, ergibt bisweilen natürlich auch *Sinn,* aber wir vergessen, dass die Welt im Kopf nicht die Welt um uns ist und wir ab und zu mal aus dem Kopf rausdürfen. Doch wir richten unser Leben oft vollständig nach Zyklen und Wiederholungen aus und sortieren alles in Kategorien ein. Und so gibt es Schubladen und Raster, in die wir sogar Menschen einsortieren und natürlich auch uns selbst. Aber was, wenn es nicht mehr funktioniert? Wenn wir es übertreiben damit, zu bewerten und zu verurteilen? Was bleibt uns dann übrig, als dauernd zu denken, zu kämpfen und uns zu verbiegen, um irgendwelchen Vorstellungen zu entsprechen und zu genügen? Ich war erschöpft davon und ich kam gar nicht auf die Idee, dass das in vielen Situationen Unsinn sein könnte. Dass weder ich noch andere in ein Raster passen sollten, sondern jeder auf seine Weise besonders ist.

Wenn wir nur im Kopf leben, ordnen wir die Welt in richtig und falsch, schön und hässlich, liebenswert und abstoßend. Doch die Liebe kennt keine Schubladen – Liebe passiert nicht im Kopf, sondern in unseren Gefühlen, ohne dass wir werten. Der Dalai Lama meinte dazu einmal, Liebe sei die Abwesenheit von Urteil. Und Rumi sagte:

»Jenseits von richtig und falsch gibt es einen Ort.
Treffen wir uns dort.«

Ich bin leider ich, sorry!

Wieder bekam ich eine E-Mail von der Frau. Diesmal schrieb sie, dass sie die Abgründe des Lebens kenne und dass man in ihrer Familie Wahrheiten gern unter den Teppich kehre. Am Ende habe sie unter Panikattacken gelitten und Drogen genommen, sich da aber wieder rausgezogen. Sie habe genug vom Verdrängen, von Lügen, von Menschen, die ihr wehgetan und sie an den Rand des Selbstmords getrieben hätten. Sie schickte mir einen Link zu einem Lied von *Rosenstolz*: »*Ich bin ich! Das allein ist meine Schuld!*« Sie schrieb auch, sie wolle nichts Besonderes sein, nicht bewerten, sich nicht mehr mit anderen messen und vergleichen. Sie würde einfach gern am Ende ihres Lebens über sich sagen können: »*Ich habe es so gut gemacht, wie ich kann, und ich habe immer mein Bestes gegeben.*« Das Einzige, was sie noch im Überfluss *besitzen* würde, seien viel Gefühl und Leidenschaft.

»*Ich weiß nicht, was ich darauf antworten soll. Ich bin einfach nur berührt*«, erwiderte ich. »*Jeder will sein, irgendwie, irgendwas … aber wer ist einfach, wer ist noch echt und lebendig? Wer kann noch so berühren, mit seinem Wesen, mit seinem Herzen – weil er an Gefühlen nicht sparen muss, weil er auch seine Gefühle teilen kann, statt nur viele spektakuläre Geschichten und Gedanken. Weil er einfach ist, so wie er ist – stark genug, sich nicht verbiegen zu müssen.*«

Wie kamen diese Vorstellungen, Normen und Ideale von Schönheit, Liebenswürdigkeit, Erfolg und Makellosigkeit eigentlich in meinen Kopf? Hatte ich sie einfach nur übernommen – gerade als Kind, wo ich noch bedingungslos den *Erwachsenen* vertraute? Man übernimmt die Dogmen und *Regeln* der unantastbaren Gesellschaft, damit eine große Idee von Gemeinschaft überleben kann. Doch das Individuum und die Familie mit ihrem Zusammenhalt und ihrer Geborgenheit müssen sich ihr offenbar mehr und mehr opfern. Wer braucht schon Familie, wer braucht schon Frieden und Heim und Heimat? Es gibt doch Arbeit und Geschäfte und es gibt Pflegeheime, Altenheime, Kurheime, Kinderheime, Erziehungsheime, Wohnheime, sogar Flüchtlingsheime.

Die Frau meint dazu, dass jeder Mensch ein Heim und eine Heimat brauche, genauso wie Liebe. Sie beklagt aber, dass viele Menschen nicht mal in ihrer biologischen Familie Heim, Heimat, Schutz und Liebe fänden. »Mit viel Achtsamkeit und dem Glauben an Wunder finden wir all das aber vielleicht in uns selbst (wieder?)!«, fügt sie hinzu.

»Ja, mit viel Ehrlichkeit und Mut vielleicht! Und Vertrauen mag ich auch, so als Wort. Lieber als ›Glaube‹. Aber weißt du, deine Tochter findet jetzt vielleicht auch ein Zuhause in dir, nicht wahr? Und du nicht auch in ihr? Vielleicht weil du ausgebrochen bist damals aus diesem Teufelskreis? Und lernt deine Tochter nicht mehr von dem, was du ihr nun vorlebst, und trägt es weiter in die Welt, als sie von dem lernt, was man ihr später so alles erzählt? Man erzählt unseren Kindern so viel, aber was leben wir ihnen als Gesellschaft wirklich vor und wie leben sie es nach? Die Tochter einer Bekannten steckt seit letzter Woche wieder in der Klinik. Sie hat sich jetzt auch die Oberschenkel aufgeritzt – schneidet sich nicht mehr nur die Arme. Das ist so schrecklich und ich fasse es nicht, wie oft ich mit dem Thema zurzeit konfrontiert werde.«

Der Philosoph Jiddu Krishnamurti kommt mir wieder in den Sinn:

»Es ist kein Zeichen von geistiger Gesundheit, an eine von Grund auf kranke Gesellschaft gut angepasst zu sein.«

Es ist kein erwachsenes Verhalten, seine vermeintlichen Schwächen und Unzulänglichkeiten unterdrücken, verstecken und letztlich wegdenken zu wollen, nur weil sie weder der Norm noch dem Ideal entsprechen – den Erwartungen der Gemeinschaft. Wir verlieren gerade das Besondere, das Wilde und Bunte an uns, wenn wir versuchen, uns anzupassen.

Die gleichen Hochglanzmagazine, die mich davon überzeugen wollten, mich selbst und andere so mausgrau zu akzeptieren, wie wir sind – dann würde sich schon alles auf wundersame Weise fügen! –, berichteten ein paar Seiten weiter über die neuesten Diäten und Mode- und Schminktrends. Absurd.

Perfekte Körper- und Traumwelten in den Werbeanzeigen zwischen den Artikeln für Frau Meier von nebenan. Flache Bäuche, lange Beine, volle Lippen, definierte Muskeln, glänzendes Haar auf dem Kopf, kein Haar am Körper, leuchtende Augen, Selbstbewusstsein, Photoshop. Wer würde solche Artikel lesen, wenn er mit sich im Frieden wäre? Für jeden Ast, den sich Medien mit Beiträgen über Liebe und Selbstliebe absägen, müssen sie sich mindestens zwei Äste nachwachsen lassen, um die Leserschaft mit neuen Gründen für Selbstzweifel bei der Stange zu halten.

In der Januar-Ausgabe soll die selbstbewusste Frau »ihren Typ verändern«, am besten auch gleich den Partner. Im Februar soll sie sich selbst und ihren »Typ« dann wieder so annehmen, wie sie/er ist. Im März gibt es Tipps, wie und wo man die neue Liebe findet, im April den Rat, sich finden zu lassen, im Mai das große Plädoyer fürs unabhängige Singleleben. Ab Juni immer Bikinis, Anleitungen zur Wunschfigur in zwei Wochen, im Juli dann Rezepte für den perfekten Partysalat. Die August-Ausgabe feiert das Altern, im September der große Test der Faltencremes – der Gewinner: »The Skin Hyper Moisture Turbo Youth Enhancer Lift-up Creme« mit dem neuen patentierten Anti-Aging-Extrakt aus Kochbananen und Makabongabohnen. Ja, auch Makabongabohnen aus Südwestchile sind natürlich drin, die im Containerschiff durch die halbe Welt transportiert werden, weil sie nun mal gerade *trendy* und angesagt sind. Im Oktober weckt man Reisefieber und Fernweh, im November liegt die Sonderausgabe fürs Wohnen bei. Und dann ist Dezember und ein neues Magazin wird angekündigt – jetzt für den selbstbewussten Mann.

Wir verabschieden uns per E-Mail. »Ich muss allein weiter im Buch«, schreibe ich ihr, wünsche der Frau und ihrer Tochter viel Glück und bedanke mich. Sie stimmt noch zu, dass es mutige Menschen brauche, die aus dem Teufelskreis ausbrächen, egal wie hoch der Preis sei, alles andere bezahlten wir mit unserer Lebenszeit. Ich muss schmunzeln, denn sie schreibt, sie habe viele Momente im Leben erlebt, in denen sie des Lebens und Liebens müde war, und sie sei es manchmal auch heute noch. Sie wolle aber niemals wieder in einen vorgefertigten Rahmen passen – keinem Muster mehr entsprechen. Sie sei »*weit mehr als nur gepunktet, gestreift, geblümelt, schwarz-weiß oder bunt*«. Ich finde diesen Satz einfach zauberhaft. Und dann schließt sie mit einem Zitat aus ihrem Schulzeugnis: »*Ihr ungezügeltes Temperament muss gemäßigt werden.*« Wer immer das geschrieben habe, ahne nichts davon, wie sich Leidenschaft und Liebe wirklich anfühlten … sie aber schon!

Ich stürze in meine Küche, staple einen Turm von Kartons um und versuche in dem Chaos, das sich in den letzten Schreibwochen ausgebreitet hat, wenigstens etwas Ordnung zu halten. Ganz unten ist sie, die Box voller Blechorden und gestempelter Dokumente. Meine Zeugnisse.

In mir brennt die Neugier, ich muss meine alten Schulbeurteilungen noch einmal lesen, egal wie sehr die Zeit drängt. Wie wurde ich als Kind damals einsortiert, wie wurden meine Wildheit und meine Leidenschaft glattgebügelt?

Eine Urkunde für gutes Lernen, vom Staatsratsvorsitzenden Erich Honecker persönlich unterschrieben, deckelt den Stapel aus Papier. Was war ich noch stolz damals! Ich blättere eine Seite nach der anderen um und die Betragensnote wird zunehmend zum Problem.

Als Mitglied des Freundschafts- und Gruppenrates arbeitete er stets zuverlässig für das Klassenkollektiv. Er ist in der Lage, selbstständig zu denken. Wird wegen seiner ungezwungenen und teilweise humorvollen Art von Mitschülern geschätzt. Bei Interesse kann er auch überdurchschnittliche Ergebnisse erzielen. Leider nutzt er diese positiven Voraussetzungen nur ungenügend aus, auch der Hausfleiß lässt zu wünschen übrig. Oft ist er unkonzentriert, verträumt und beschäftigt sich mit anderen Dingen oder ist mit sich selbst beschäftigt, was zu Fehlleistungen führt. Wäre schön, wenn er zukünftig etwas mehr Disziplin, Ehrgeiz und Anstrengungsbereitschaft […]

Leider hatten seine Bemühungen um eine gute Schrift [in korrekter Schreibrichtung natürlich!] *nur zweitweise Erfolg. Hier muss er mehr Willen und Ausdauer aufbringen.*

Nach der Wiedervereinigung Deutschlands lief es nicht unbedingt besser: *Er verlässt auf Antrag mit dem heutigen Tag das Gymnasium. Er wird nicht versetzt.*

Moment, da stand eben, ich wäre nur »*teilweise*« humorvoll und witzig gewesen! Das ist eine glatte Lüge. Es haben immer fast alle gelacht, je jünger, desto mehr. Nur die Lehrer praktisch nie.

Ich lese Beurteilung für Beurteilung und frage mich ernsthaft, was dieser Schwachsinn eigentlich soll und warum ich fast vierzig Jahre brauchte, um ihn als das zu begreifen, was er ist. Das waren Kinderformungsanstalten! Wo sonst muss man sich nach Zeitplan in geschlossenen Räumlichkeiten einfinden, die man nicht mehr verlassen darf, muss still sein, wenn eine Klingel im Haus oder Hof schrillt? Na?

Wer erinnert sich daran: als Kind in der Schule, diese Aufregung vor Klassenarbeiten, die Angst davor, nicht genug zu wissen und zu versagen? Immer wieder, jahrelang. Belohnung, Bestrafung, Benotung, Versetzung, Notenspiegel, Sitzordnungen. Wir wurden in Schubladen gesperrt und darin immer in Bewegung gehalten, ganz nach Begabung. Und wir glauben wirklich, das hätte nichts mit uns gemacht? Ich denke an das Bild, wo ein Affe, ein Elefant und eine Schildkröte vor einem Baum stehen, und dann sagt der Lehrer: Und jetzt hochklettern alle, wird bewertet!

Als Kinder sind wir frei, es gibt kein Richtig, kein Falsch. Doch dann stoßen wir und unsere Verhaltensweisen immer mehr auf Zustimmung oder Ablehnung. Wir unterdrücken, was anderen missfällt, und stellen das ins Licht, was Zustimmung erntet. Leider vergessen wir, dass dieses Anpassungsverhalten uns geprägt hat und zu unserer Identität gehört – die Meinung der anderen wurde zu einem bedeutenden Teil unseres Selbstbilds.

Ständig bekamen wir darüber hinaus Ziele wie Karotten vor den Kopf gehängt, die wir erreichen müssten, *um jemand zu werden* und um erfolgreich zu sein: erst Kindergarten, dann Einschulung, Versetzung, Gymnasium, Studium, Job, Karriereleiter … und plötzlich ist man vielleicht fünfundsechzig und fragt sich, wie lange man mit der Rente noch über die Runden kommt und ob man überhaupt einmal *irgendwo ankommt*.

Um uns selbst wieder zu begegnen und bei uns anzukommen, müssen wir auch unsere vermeintlichen, verdrängten Schattenseiten wieder beleuchten – unsere Verletzbarkeit, unsere Schwächen umarmen, sie nicht weiter als Defizit betrachten, wie uns eingeredet wurde, sondern als etwas, was ebenso zu uns gehört und berechtigt ist wie alles Leuchtende.

Was war da noch Lebens- und Abenteuergeist in uns, als wir klein waren, wann hat das aufgehört? Was waren wir verliebt und verschossen, was war das alles unkompliziert, stets überraschend und intensiv! Jetzt sind wir erwachsen, verschicken Küsschen-Smileys per Handy an Menschen, die wir nie geküsst haben – wir tragen Verantwortung, kennen die Konventionen und Konsequenzen von Beziehungen, suchen Sicherheiten und haben klare Vorstellungen, was zu uns passt. So hoffen wir auf die große Liebe … und warten auf ein Wunder. Ein Widerspruch in sich.

Mitteljunge Autorin, 177 cm groß, [auf drei von vierhundert Bildern] selbstbewusst, teilweise humorvoll und stets bemüht und auf den eigenen Beinen im Leben stehend – sucht mitteljunges Zauberwesen, mit Herz am rechten Fleck und klugem Kopf für die ewige Liebe und Leidenschaft, aber ohne Abenteuer und ohne Überraschungen. Größe bitte 176 bis 176,5 cm. Ehrlichkeit und Reife vorausgesetzt. Ohne Altlasten! Bitte echt, authentisch und unkompliziert! Freue mich über ernst gemeinte Bewerbungen – Zeugnisse und Beurteilungen der Ex-Partner gern beilegen.

PS: Gern handschriftliche Briefe, aber unbedingt die Schriftrichtung beachten!

Jenseits von richtig oder falsch

Was ist ein Wunder? Etwas, was wir nicht vorhersehen, verstehen und erklären können. Etwas Unplanbares und Unkontrollierbares, das sich nicht in die gängigen Schubladen stecken lässt. Kann die Erfüllung unserer Erwartungen und Vorstellungen sich also jemals wie ein Wunder anfühlen?

Ich habe einmal einen Satz gehört, der sinngemäß etwa so lautete: »*Die, die Gott am meisten liebt, denen erfüllt er keine ihrer begrenzten Vorstellungen und Hoffnungen, auf dass das Ego an den Enttäuschungen zerbricht und damit wir endlich wieder vom Unvorstellbaren (Wunder) durchflutet werden können.*« Heißt es in den Religionen nicht auch, dass Gott selbst nichts als Liebe sei?

Es geriete also alles wieder zum *Wunder*, wenn wir eine Weile mal nichts mehr erwarten, verstehen oder bewerten würden, nicht wahr? Und manchmal wäre das ganz gut, oder? Wieder wie ein Kind sein, das alles neu entdeckt.

Die Welt passt nicht in unseren Kopf,
aber in der Welt ist Platz für sehr viele Köpfe.
Wenn alle unsere Meinungen und Wahrheiten nicht
mehr taugen, ist die Welt trotzdem noch da.

Ich liebte als Kind zum Beispiel Regenwürmer – wirklich! –, ich sammelte sogar welche in der Brotbüchse im Kindergarten und gab ihnen Namen. Bis man mir sagte, dass das nicht sein dürfe. Und dass das ekelig und schmutzig sei. Und jetzt weiß ich das auch und finde: Regenwürmer in Brotdosen, das geht gar nicht. Widerlich! Warum aber kann ich Regenwürmer nicht wieder lieben und die offenbar verinnerlichte Meinung der anderen in mir abschalten? Kann ich diese Verknüpfung zwischen Regenwurm und Ekel nicht kraft meines Willens auflösen? Ich fand die Würmer doch gar nicht ekelig früher, sondern fantastisch und schön. Warum kann ich nicht jeden Moment wieder als das erfahren, was er ist, unbefleckt von jedem Urteil? Das wäre ab und zu Urlaub vom Kopf und eine Party fürs Herz.

Was hindert uns daran, außer unseren Zweifeln, dass wir es können? Haben wir nicht einen freien Willen? Wenn wir aber keinen freien Willen haben, die Welt wieder so zu entdecken, dann sind wir auch nicht frei und es kann keine freie Liebe geben.

Freie Liebe. Sofort kommen mir Sexorgien in den Sinn – Liebe ohne Konventionen und im Sog der Lust. Diese Form von Liebe meine ich natürlich nicht. Aber stellen wir uns einen Moment vor, ein wirklich freier Mensch würde bedingungslos lieben, ohne Angst und Urteil: Er hätte keinen einzigen Grund, gerade bei dir zu bleiben, außer seiner Liebe und seinem freien Willen, und er wäre frei darin, in jedem Moment zu gehen, weil er auch keine (Verlust-) Angst hätte. Er folgte keinem Ideal, keinem kollektiven Standard von Schönheit, Beziehungsform oder Rollenbild, er erschüfe sich seine Ideale selbst, durch seine Erfahrungen und das, was er dabei fühlt. Kann es so einen Menschen geben? Und würden wir diese Liebe überhaupt ertragen, wären wir stark genug, ohne Sicherheiten und Garantien zurückzulieben?

Wenn wir den Kopf abschalten und begreifen könnten, dass jeder Augenblick und jede Erfahrung auf seine und ihre Art einzigartig ist, wäre alles einfach nur vollkommen und wieder wundersam. Lassen wir den Gedanken an Fortschritt und Entwicklung einmal außen vor, ich *denke* auch nicht, dass alles grundlegend *falsch* ist am *Denken* – aber wir sind schließlich erwachsen, oder? Ab und zu mal nirgendwohin müssen, im Frieden sein mit sich, mit anderen und der Welt, und wieder staunen, entdecken, sich wundern und verzaubern lassen, berühren und sich berühren lassen, wäre das nicht schön? Wir müssten ja nicht gleich ein komplett neues Leben ganz ohne Kopf führen, nur gelegentlich ein Doppelleben, ohne (Selbst-) Zweifel und Angst vor dem Unbekannten. Treffen wir uns doch mal auf dieser anderen Seite … jenseits von richtig und falsch, wie der Mystiker Rumi im dreizehnten Jahrhundert schrieb.

Nehmen wir einfach an, wir hätten für einen Moment keine Wahrheiten und Ziele mehr im Kopf und nicht diesen Drang, alles bewerten und verstehen zu müssen. Alle Gewissheiten und Ideale sind doch wandelbar. Vor Tausenden Jahren betete man dicke Frauen an, jetzt meist nur spindeldürre – die Erde als Scheibe stellte lange auch keiner infrage, so wie wir die Kugelform jetzt für gegeben nehmen. Vergessen wir kurz, was wir wissen und was richtig und vernünftig ist.

Versuchen wir einmal, alles wahrzunehmen: ohne Absicht, ohne Wertung, ohne Sorge – ohne an irgendeinen *Nutzen* oder besonderen *Grund zu denken*. Wenn wir uns selbst, anderen Menschen und der ganzen Schöpfung so begegnen würden, was für ein Zauber wäre das! Jeden *Stein* könnten wir neu entdecken, ganz gleich wie viele *Steine* wir schon aufgehoben haben im Leben. Das ist nur ein Gedankenspiel. Und jetzt machen wir aus den Steinen einmal Menschen …

Wer viel meditiert hat, kennt diesen Zustand womöglich. Wenn die Gedanken komplett schweigen und ein tiefer meditativer Zustand erreicht wird, passiert genau das: Dann gibt es nur die Gegenwart und reine Wahrnehmung – kein Ziel, keine Ursache, kein Bild im Kopf – kein Gestern, kein Morgen. Der Buddha sagte einmal, dass wir nur leiden, weil wir begehren, etwas erreichen wollen. Und es erscheint nicht leicht, für eine Weile nichts mehr erreichen zu müssen. Alles hat doch immer einen Preis, nichts von Wert kommt ohne Anstrengung … so denken wir doch, so wurden wir doch geprägt und erzogen. Und so sind wir immer unterwegs, um irgendwo anzukommen. Dabei sind wir schon an einem wundervollen Ort … nämlich *hier und bei uns.*

Ich habe für mich einige Wege gefunden, um diese Stille im Kopf zu finden, aber jeder Weg war auf seine Art extrem und oft auch gefährlich. Ich musste immer an meine Grenzen gehen, um dann *Kontrolle* und Pläne aufzugeben, mich auszuliefern. Es brauchte einige Zeit, bis ich begriff, dass es auch anders geht: sanfter, ohne Weglaufen, ohne riskante Ozeanüberquerungen, ohne Drogen. Aber das erfordert Geduld, Ehrlichkeit und Mut für einen Weg, auf dem auch Krisen und Enttäuschungen warten. Es bedeutet, alles einmal für eine Weile loszulassen, was man glaubte, erreichen zu müssen und über die Welt zu wissen. Die Welt ist dann einfach da draußen, sie ist nicht eine Vorstellung im Kopf.

Die Vorstellung wird zum Problem, wenn wir sie für die Wahrheit halten und diese mit der Wirklichkeit verwechseln. Dann sind Dinge plötzlich richtig oder falsch, gut oder böse, schön oder hässlich. Die Welt passt nicht in unseren Kopf, aber in der Welt ist Platz für sehr viele Köpfe, die über sie nachdenken. Wenn alle unsere Meinungen und *Wahrheiten* nicht mehr taugen, ist die wirkliche Welt trotzdem noch da. So viel ist sicher.

Wenn ich völlig verkopft war, fand ich mich, andere und die Welt selten schön und *richtig,* es gab durchaus Dinge, die ich an mir mochte, aber da war viel mehr, was ich nicht an mir mochte. Je älter ich wurde, desto weniger gefiel ich mir und desto weniger sah ich aus wie die Frauen in der Werbung. Am Ende mochte ich nicht einmal mehr meinen Namen – war überhaupt etwas in Ordnung an mir? Es gab immer jemanden, dem etwas an mir nicht passte, vielleicht hatten alle doch recht und ich steckte eben voller Fehler. Das Gleiche machte ich umgekehrt mit anderen Menschen, immer mehr störten mich ihre Macken und Eigenheiten.

Es läuft doch so: Die Ausgegrenzten grenzen andere aus – die Verspotteten lachen über die, über die man noch mehr spotten kann, weil sie noch schwächer sind. Wenn andere uns nicht respektieren und ausgrenzen, sagt das mehr über sie selbst und ihre eigene Unfreiheit aus als über uns.

Es fing eben schon in der Schule an. Meine Ohren waren früher viel zu klein und dann auch noch unterschiedlich groß. Ich fand das mal klasse, als ich es bemerkte, und zeigte es stolz meinen Freunden. Einer fing an zu lachen, dann die anderen. Von da an war es mir peinlich und ich versteckte meine *schiefen Affenohren*. Schlimmer noch: Ich begann, an anderen auch *Besonderheiten* als Makel zu kritisieren. Am Ende hatte das mit mir und meinen Ohren gar nichts mehr zu tun, aber ich kritisierte einfach bald jeden, wenn er nicht *unseren* und damit nun auch meinen *Normvorstellungen* entsprach. Sogar über meine Haare wurde in der Grundschule gelacht, und ich hatte echt tolle Haare! Letztlich ging ich jede Pause nach Hause und föhnte sie mir, damit alles saß und keiner sich lustig machte – es hatte Vorteile, in der Schule zu wohnen. Irgendetwas war immer, was andere an mir störte, wenn es nicht um mein äußeres Erscheinungsbild ging, dann ging es um Dinge, die mich interessierten oder die ich nun mal dachte. Was wäre wohl passiert, wenn ich erzählt hätte, dass bei mir zu Hause ein Puppenhaus stand? Es musste etwas nicht mit mir stimmen, sogar meine Grundschullehrerin sagte einmal, ich wäre nicht normal und käme nach meiner Mutter.

Ja, ich war anders als heute … und ich habe so viel gefühlt und mitgefühlt.

Ein grauer, komplett verregneter Herbstnachmittag im Erzgebirge fällt mir wieder ein. Ich, bestimmt schon ganze acht Jahre alt, komme vom Spielplatz nach Hause, kann kaum sprechen, weil ich sonst heulen würde. Mama spürt zwar, dass etwas nicht in Ordnung ist, bohrt aber nicht weiter nach – es war andauernd irgendetwas mit mir los und meistens nichts Tragisches. Es wird dunkel draußen und kalt. Schrecklich kalt. Als ich ins Bett muss, kann ich es nicht mehr unterdrücken, heule und trete gegen die Wand. Mama gibt jetzt keine Ruhe mehr, will endlich wissen, was los ist.

»Es ist ganz allein und nass und es friert doch jetzt, Mutti!«
»Wer ist allein?«
»Ja, das Plüschtier!«
»Welches Plüschtier?«
»Das bei den Garagen in der Pfütze liegt. Es ist ganz kaputt und liegt bestimmt schon ganz lange da.«

Irgendwann gab sie nach, damit ich endlich schlafen konnte. Ein langes Ausatmen, ein Seufzen – dann sagte sie, ich solle es eben morgen mitbringen, dann würden wir es uns anschauen.

Ich wachte als Erste auf und an diesem Tag wollte ich ausnahmsweise nicht liegen bleiben oder gar ein Fieberthermometer an die Glühbirne halten, um mich fieberkrank zu stellen. Es war immer noch dunkel draußen, mir blieb etwa eine halbe Stunde, bis ich mich für den Unterricht fertig machen musste. Also zog ich mich schnell an, rannte aus dem Haus. Meine Mutter, die mit einem kleinen Plüschtier gerechnet hatte, das sich schon irgendwie auskochen ließe, schlug die Hände über dem Kopf zusammen. Ich sehe sie heute noch vor mir, wie sie da an der Wohnungstür steht und ihr einfach komplett die Worte fehlen. Aber ich war schon bereit für die nächste Heulattacke, ihr blieb keine Zeit für Vernunft. *Sie warf es erst einmal in die Badewanne.*

Das arme Ding war sicher einmal etwa siebzig Zentimeter lang, völlig zerfetzt, mehr Pfützendreck als Plüschtier. Ich stand im Hausflur neben einer Lache aus dreckigem Wasser und grinste Mama an.

Als ich aus der Schule kam, hatte Plüschi bereits zwei Touren in der Waschmaschine hinter sich. Wir schätzten, dass er, sie, es … mal ein stattlicher Bär war. Am Tag darauf ratterte die Nähmaschine in der Küche. Beim Ausstopfen durfte ich mithelfen und schüttete das neue Füllmaterial aus dem großen Sack. Mein Vater stand daneben und schüttelte einfach nur den Kopf. Der Bär entpuppte sich als ein Sitzpferd.

Natürlich lachten mich meine Mitschüler auch dafür aus, Weichei, Kindergartenkind! Und irgendwann wurde ich dann eben *normal,* bis ich von der Schule flog, eine Ausbildung startete und immer als Letzte brav an der Stechuhr in der Firma auftauchte. Plüschtiere kümmerten mich nicht mehr, ich ließ sie im Dreck liegen, ich schaute weg, genau wie bei richtigen Tieren, die in der Massentierhaltung im Dreck liegen, sofern sie überhaupt genug Platz zum Liegen haben. Ich stumpfte ab, auch den Menschen gegenüber.

Ich,
dann lange nichts ...

Ich war so schön und reich an Gefühlen als Kind. Auch als Teenager und als Erwachsene war ich wundervoll – auf meine Art eben, doch kamen dann immer mehr Gedanken und andere Meinungen in mir auf und ich fühlte mich stattdessen unvollkommen, hässlich, makelbehaftet und leer, wenn ich nicht doch einmal irgendwo einer Schublade entsprach und mich darin feiern lassen konnte. Wer dafür lebt, dass die anderen ihn mögen, wird sich immer vor ihrer Ablehnung fürchten müssen, auch wenn sie ausbleibt. Er verliert sich selbst, wenn er ausgegrenzt wird. Er wird ihre Stimmen zur eigenen Stimme im Kopf machen und immer auf Bestätigung angewiesen sein. Egal wie viele Beziehungen und Affären ich hinter mir hatte, egal wie viel Bestätigung ich bekam von anderen, ich konnte aber keinen Frieden finden, konnte keine Liebe annehmen, keine Liebe geben, nichts und niemand reichte mir – und ich mir selbst am wenigsten.

Eine Freundin schrieb gerade begeistert von einem Kurs in Aktzeichnen: »*Ich habe eine komplett andere Art des Sehens entdeckt, eine komplett neue Perspektive auf die Schönheit. Da waren so viele Menschen, dicke, dünne, große, kleine, alte, junge. Es ist abgefahren, Janice, wie schön und faszinierend alle diese Körper sind, wenn der Mensch sich in ihnen wohlfühlt. Man spürt das regelrecht, wer bei sich ist, die strahlen das auch aus!«* Sie hat die Welt mit eigenen Augen und eigenem Herzen erblickt und anscheinend tun das diese Menschen auch.

Vor allem die Eigenschaften, die ich selbst am wenigstens an mir sehen wollte oder gar fürchtete, regten mich an anderen am meisten auf. Wenn mir jemand nicht gefiel, hatte das mit ihm oder ihr gar nichts zu tun, sondern erst einmal nur mit mir. Es war vor allem die eigene Unzufriedenheit, die mir die anderen Menschen widerspiegelten. So wie man es mit mir früher gemacht hatte, machte ich es nun mit anderen und mit mir selbst. Die Wahrheit war, an meiner persönlichen Situation hatte sich auch in fast vierzig Jahren und nach bald zwanzig Jahren im zweiten Körper nicht viel verändert. Im Gegenteil: Alles wurde nur schlimmer mit jedem neuen Lebensjahr, denn ich wurde älter – für mich bedeutete dies hauptsächlich, dass mein Körper älter wurde! – und damit aus meiner Perspektive immer weniger liebens- und begehrenswert. Ich verglich mich mit allem und jedem, sehnte mich nach Jugend und Perfektion, ohne wirklich noch mithalten zu können.

Das, was ich vor zwanzig Jahren als meine weibliche Seite begriff, als dieses wundervolle Wesen in mir, als meine Seele, diese Seite begann zu verkümmern. Und die männlichen Aspekte in und an mir, die nun einmal zu mir gehörten und die ich gar nicht grundsätzlich alle negativ fand, die nahmen an Einfluss zu und wurden bedrohlich. Absolute Dysbalance in Geist, Körper und Seele. Und letztlich drehte ich mich im Versuch, wie die anderen zu sein und ihren Ansprüchen zu genügen, doch nur um mich selbst.

Ich hatte fast vier Jahrzehnte lang versucht, mein inneres Gleichgewicht zu finden, mit Wissenschaft, mit Medizin, mit Drogen, Pillen, Therapien und Operationen – auch mit Flucht vor den Menschen und mit einer Ozeanüberquerung allein im Ruderboot. Am Ende suchte ich sogar Gott persönlich und den Heiligen Gral der Erleuchtung, um mich von meinem Lebensproblem zu erlösen und das zu finden, was ich mir als Liebe und Selbstliebe herbeisehnte – aber ich scheiterte auf allen Wegen. Nicht einmal Gott wollte mein Päckchen tragen, so schien es – und, oh Gott!, was habe ich monatelang völlig allein auf dem Ozean nach ihm geschrien, nach diesem verantwortungslosen Wesen, an das ich nicht mal richtig glauben wollte und das dauernd die Spielregeln des Lebens zu verändern schien. Ich wollte anders sein, unfehlbar, unverletzbar, makellos, unvergänglich, gern auch göttlich – aber doch bitte nicht dieser machtlose und verletzbare Mensch, den ich in mir sah!

Auf einem Zettel an einer Fußgängerampel las ich einmal: »Verletzlichkeit ist der Geburtsort von Innovation, Kreativität und Veränderung.«[6] Und Unverwundbarkeit bedeutet dann also Stillstand und Langeweile. Ja, fade und langweilig oder irgendwie immer auf künstliche Beschleunigung und auf Theater angewiesen, so waren meine Beziehungen, so war mein Leben.

Wie sollte ich es jemals schaffen, mich so zu lieben – wie sollte ich jemanden finden, dessen Liebe ich annehmen konnte? Wie sollte ich das alles nur auflösen, dieses Chaos in mir, diese Verstrickungen und Knoten? Wie sollte ich mich bei einem anderen Menschen fallenlassen können und Geborgenheit finden, bei all der Unruhe und Angst im Kopf? Das war alles hoffnungslos mit der Liebe!

Allein kam ich zurecht, irgendwie fand ich Wege – aber diese Sehnsucht nach Halt und Geborgenheit in den Armen eines anderen Menschen, die Sehnsucht nach etwas Echtem, nach Nähe und Wärme, sie ließ sich nicht erfüllen. Mehr als Momente, in denen ich mich unfassbar befriedet, liebenswert und schön fand, gab es nicht – und der Preis dafür war sehr hoch. Aber wenigstens glaubte ich daran, dass sich theoretisch jedenfalls alles verändern könnte, wenn es nur gelänge, die Gedanken und die innere Einstellung zu verändern. Nach tagelanger Meditation zum Beispiel gelang das schon mal, da fand ich Frieden für ein paar Stunden. Oder nach drei Monaten Einsamkeit auf dem Ozean. Oder, besonders schnell, auf einem Trip mit psychoaktiven Substanzen, da saß ich dann heulend vor dem Spiegel oder lief durch die Stadt, sofern ich halbwegs laufen konnte, und staunte über all die anderen Wunder auf zwei Beinen, die mir entgegenliefen, staunte über die ganze Schöpfung! Aber das war keine Dauerlösung. Nach meiner Atlantiküberquerung konsumierte ich über ein Jahr lang fast täglich Zauberpilze, DMT, LSD, bis das ganze innere Dilemma dadurch nur noch mehr in den Fokus rückte und mein Körper das nicht mehr mitmachen wollte. Kaum ein Mensch in meinem alten Freundeskreis verstand mich mehr.

Ich drehte mich wie ein Kreisel nur noch um mich selbst. Und so einen Kreisel zu berühren kann schlimme Konsequenzen haben, entweder er verliert die Balance und fällt um oder er reißt den anderen mit sich.

Auf meiner Suche nach Zufriedenheit, nach Frieden und Liebe landete ich gestresst und überreizt im Kernspintomografen in Heidelberg, mit Verdacht auf einen Hirntumor. Das Licht blieb plötzlich auch an, wenn ich die Augen schloss – mein Körper reagierte mit Allergien, Schmerzen und Sensibilitätsstörungen. Die Ärzte und Psychologen in der psychosomatischen Abteilung der Uniklinik konnten mir auch nicht helfen und diagnostizierten eine Art spirituelle Krise und gaben mir statt Tabletten die Notfallnummern in die Hand. *»Das können Sie anscheinend nur allein auflösen, Frau Jakait. Wenn es gar nicht mehr geht, können Sie jederzeit sofort herkommen. Sie haben ja schon alle Diagnosen und Therapien durch jetzt. Machen Sie Frieden mit sich!«* Der Facharzt, der meinen Hörsturz behandelte, sprach eine Stunde lang mit mir über Gott und Buddha und über seine Zeit in Indien, und er schloss mit den Worten: *»Sie* *suchen zu viel da draußen nach Antworten und nach Erfüllung, ich fürchte aber, Sie finden all das nur in sich selbst. Ich hoffe, dass es Ihnen gelingt.«*

Ich wollte bereits in meinem letzten Buch über *Drogen* schreiben, aber nach langem Abwägen habe ich es gelassen. Das war auch richtig so, ich war damals nicht so klar wie heute und es fehlte der Kontext meiner ganzen Geschichte, die ich noch nicht teilen konnte oder wollte. Ich sorgte mich noch um die Konsequenzen und darum, dass andere mich verurteilen und in eine sehr dunkle Schublade stecken würden. Aber all das gehört eben zu meiner Geschichte, es ist ein tiefer Riss im Bild der taffen Powerfrau, die sich konsequent ihre Lebensträume erfüllt hat, außer denen, über die sie eben nicht auf der Bühne spricht oder in Büchern schreibt.

Nun liegt vieles davon hinter mir, und es hat mich erst zu dem Menschen gemacht, der ich jetzt bin. Ob man mich allerdings weiterhin so oft einladen wird, damit ich auf der Bühne über Ehrlichkeit und Krisen als Chance spreche – jetzt, wo es um mehr als ein Ruderabenteuer geht, das zum Glücklichsein führt –, das weiß ich nicht.

Wenn der Schein trügt

Erst gestern kam eine Anfrage von einem Veranstalter: »*Liebe Janice. Was die Menschen am meisten interessiert, ist dein Weg über den Atlantik und alles, was du da erlebt, reflektiert und gefunden oder verloren hast. Der Weg danach ist für unsere Kunden weniger von Interesse.*«

Einmal Atlantik und alles war gut, schöne Geschichte – so etwas erhoffen sich viele Menschen. Aber das ist Unsinn. Ich kenne viele Extremsportler inzwischen, die meisten versuchen, sich einigermaßen über Wasser zu halten, aber reden auf der Bühne von der großen Freiheit. Ich habe zwei Männer in meinem Leben gedatet, die als Coach arbeiten, beide kamen gerade aus der Depression, einer frisch aus der Klinik. Beide hatten keine berufliche Richtung, aber Coaching mit der passenden Zertifizierung bot sich da geradezu an. Vor Unternehmen reden sie über Krisenbewältigung, Veränderung und Motivation, aber an ihren privaten Lebensumständen hat sich wenig verändert. Vieles ist einfach nur gut gespieltes Theater: erzählen und schreiben, was die Menschen eben hören wollen, was sie erwarten – *zack* und alles wird gut! Für alles gibt es eine Lösung und ein Werbeversprechen, so scheint es mir, Coca-Cola ist Liebe auf den ersten Blick und Fanta macht das Leben bunt!

Natürlich, das Abenteuer auf dem Atlantik hat einiges umgewälzt und aufgewühlt. Auf diesem Weg hätte ich bleiben können, noch mehr Bücher, noch mehr Ozeane, noch mehr Interviews … höher, schneller, weiter. Aber nichts konnte dieses schwarze Loch in mir stopfen. Nichts war genug, nichts erfüllte mich ganz oder machte mich frei. Nicht der Erfolg als Autorin, die ich immer werden wollte, nicht die Anerkennung, die vielen Beziehungen und Affären, die Freiheit im Außen, nichts davon. Wer mich kennt, weiß, dass ich in den letzten Jahren ein Leben geführt habe, von dem viele Menschen träumen. Große Privilegien und Freiheiten, ein Abenteuer nach dem andern. Aber wozu braucht man so viele Abenteuer, wenn es nicht doch an Erfüllung fehlte?

Egal was ich erreicht hatte, ich blieb meist in mir selbst eingesperrt und in mir verhungerten alle Gefühle, was die Liebe und die Menschen anbetraf. Allein kam ich ganz gut klar, fand Strategien, meinen Problemen aus dem Weg zu gehen. Aber was sind alles Glück und aller Erfolg wert, wenn man nichts davon teilen kann? In jedem meiner bisherigen Bücher zitiere ich einen Satz, den ich frei übersetzt von Chris McCandless übernommen habe.[7] Der Abenteurer und Aussteiger kritzelte ihn in sein Tagebuch, als er einsam in den Wäldern Alaskas im Sterben lag. Nie passte er besser als jetzt:

»Glück ist nur echt, wenn es geteilt wird.«

Ich konnte weder mein Glück noch mein Unglück wirklich mit jemandem teilen und zusammen erleben. Für alles andere gab es wenigstens Facebook, die Bühne und meine Bücher. Aber was die Liebe betraf, wurde alles immer hoffnungsloser, denn ich begann in meiner Verzweiflung, sogar an der Entscheidung für diesen Lebensweg überhaupt zu zweifeln. Wenn ich alles richtig gemacht hätte mit zwanzig, müsste ich doch endlich glücklich und auch in einer erfüllten Beziehung angekommen sein, oder? Ich Verlorene suchte eine andere Verlorene, die irre genug war, mich zu lieben und sich von mir lieben zu lassen, und die fand sich einfach nicht. Ich drehte mich wie ein Kreisel nur noch um mich selbst. Und so einen Kreisel zu berühren kann schlimme Konsequenzen haben, entweder er verliert die Balance und fällt um oder er reißt den anderen mit sich.

Dass die Zeit, in der ich dieses Buch über die Liebe schreiben wollte, all dem bisher Erreichten, ja mir selbst endlich einen Sinn geben und mir die Liebe näherbringen würde, das kam dann doch recht unerwartet. Noch während des Schreibens wurden alle meine Theorien über die Liebe wie Sand durch das Sieb der Wirklichkeit geschüttelt, noch einmal in meinem Leben veränderte sich alles grundlegend und dann sollte sich auch mit der Liebe vieles fügen.

Aber genau das ist die Liebe: überraschend, unvorstellbar und unvernünftig … ein Wunder eben!

Und insgeheim sehnen wir uns doch alle nur nach ein bisschen Liebe und Zuneigung. Wenn wir diese nicht erhalten, versuchen wir, Zuneigung in anderer Form durch Zuwendung zu ersetzen. Zum Beispiel, indem wir wenigstens Respekt und Aufmerksamkeit als Bestätigung einfordern und uns und unsere Fähigkeiten und Erfolge in den Mittelpunkt stellen. Wenn das alles nicht funktioniert, dann wollen wir wenigstens gefürchtet oder gehasst werden. Das ist immer noch besser, als komplett ignoriert und allein zu sein. Solange man sich wenigstens an uns erinnert, ganz gleich ob positiv oder negativ, sind wir noch nicht komplett vergessen. Der Mensch ist ein soziales Wesen und Liebe ist eines seiner Grundbedürfnisse, um erfüllt zu sein.

Jetzt würde bestimmt ein *Amen* passen. Ich muss lachen. Vielleicht hätte ich mich doch taufen lassen und Pastorin werden sollen, dann wäre mir sicher eine Menge Ärger im Leben erspart geblieben.

Aber vor wem könnten Pastoren schon über irgendeinen Gott und über die Liebe sprechen und von wessen Geschichten hätten sie zu berichten ohne dich, ohne mich, ohne uns Menschen mit all unserem Ärger. Und wie allmächtig kann ein Gott eigentlich sein, ohne auch so verletzbar und so stark sein zu müssen wie wir Menschen, die wir da kämpfen, die hoffen, sich sehnen, sich fürchten und verzweifeln. Immer nur Glanz, Wunder, Ewigkeit und Himmel, das kann wahrscheinlich jeder Gott in jeder Religion spielend. Aber Mensch sein und trotzdem sein Herz offen lassen und lieben, das muss man uns erst einmal nachmachen – das schaffen nur wir!

Und du sein, das schaffst sowieso nur du.
Und ich sein, das schaffe nur ich.

Zweiter Teil

Irre trifft Spiegel

Du bist die heiße Schmelze aller Drogen,
Und nach dem Schuss die Eiseskälte im Entzug –
Mein Verstand ersäuft in meterhohen Wogen,
Dein Schweigen ist dann Sturm genug!
Es ist das Auf und Ab, das mich zerreißt.
Und ich weiß, dass du das weißt.

Ein Superkreisel auf Abwegen

»*Aber weißt du, manchmal möchte ich dieses Theater auch erleben, mich in dem Schmerz wieder baden. Wenn die Zerbrechlichkeit kommt, heiße sie willkommen! Ich bin sehr froh darüber, dass mir endlich wieder jemand so wehtun konnte. Ich muss es nicht verstehen. Ich möchte lieber fühlen!*«

Das sind die Worte einer Freundin, die mich sehr bewegt haben. Wir drehen uns oft in Schleifen, folgen immer den gleichen alten Verhaltensmustern und wundern uns dann darüber, dass stets das Gleiche passiert und sich nichts wirklich verändert. Irgendwann resignieren wir dann vielleicht und arrangieren uns mit den Umständen, wir gewöhnen uns dran und finden uns mit den Umständen ab. Richtige Veränderung geschah mir selbst erst in der Liebe, als ich die Lektion endlich lernte, die sich stets und in jeder Beziehung wiederholte und mich immer mehr herausforderte. Ich möchte daher, mit einigem Abstand, über die letzten Monate und zwei Begegnungen schreiben, die ich heute beide als eine große Prüfung begreife. Sie haben meine Perspektive auf das Thema Liebe und Beziehung ganz grundlegend verändert.

Man kann sich dem Schönen nur ganz hingeben,
wenn man bereit ist, sich beidem hinzugeben,
dem Gewinn wie dem Verlust.

Die Kunst im Leben ist es also, die Wellen zu surfen, hoch und runter – sich bewusst allen Erfahrungen hinzugeben, dem, was ist, ohne sich dabei dem Meer und den Umständen wie ein Opfer auszuliefern. Die Suche nach ewig währenden Glückszuständen ist ein Elend und bedeutet, nur das halbe Leben zu leben. Bestenfalls. Wie Surfer auf dem Meer wollen wir zwar unbedingt hoch hinaus, auf die höchsten Wellengipfel, auf die Spitze – allerdings möchten wir eher selten hinab in die Wellentäler des Lebens. Hoch, hoch, hoch – mehr, mehr, mehr! Mehr Erfolg, mehr Liebe, mehr Leben. Bis es immer anstrengender wird, dann werden wir müde und schwerfällig, *kommen kaum noch hoch.* Die wilde Leichtigkeit, die Neugier und Intensität der Gefühle und der Freiheitsgeist, an die wir uns aus Kinder- und Jugendtagen vage erinnern, scheinen irgendwie verloren, wenn wir erwachsen sind. Wir schauen uns vielleicht danach um, wie andere erwachsene Menschen noch die hohen Wellenberge erklimmen, lassen uns von ihnen motivieren und anspornen – es ist doch immer jemand anders irgendwie, irgendwo *oben* – wirkt erfolgreich, wild und frei.

Wir suchen nach Abkürzungen *nach oben,* nach cleveren Krücken und sicheren Leitern, und wenn wir es trotzdem nicht hochschaffen auf unseren Erfolgsgipfel, suchen wir uns eben eine andere Welle, eine andere Herausforderung, die wir stattdessen in Angriff nehmen können: ein anderes Lebensziel, ein anderes Hobby, ein neuer Job, ein anderer Partner. Bis wir irgendwann erschöpft liegen bleiben und uns vom *Lebensozean* herumspülen lassen müssen, verzweifelt bemüht, nicht zu ertrinken. Aber mit der Freude am *Surfen* und Wellenreiten hat das dann nichts mehr zu tun.

Was uns tatsächlich verändern und voranbringen kann, sind starke Gefühle und andere, neue Erfahrungen – schöne wie nicht so schöne. Dabei will jedes Gefühl einfach nur gefühlt werden, dann wird es Teil unserer bewegten Geschichte und macht Platz für noch tiefere Gefühle und noch bewegendere Erfahrungen. Denken allein verändert wenig. Es führt vielleicht zu neuen Gedanken, aber selten zu neuen Erfahrungen und zurück zu intensiveren Gefühlen.

Dieses Buch möchte eben Mut machen, sich allen Gefühlen und Erfahrungen hinzugeben, denn das Wissen darüber allein verändert wenig. Je mehr wir wissen, umso komplexer werden unsere Probleme und umso kniffliger erscheinen die Auswege aus unseren Denkschleifen. Darum auch möchte ich meine ganz konkreten und nicht immer nur *schönen* Erfahrungen hier teilen. Wie viel Kluges über die Liebe und das Leben haben wir alle schon gelesen, aber sind wir dadurch freier und zufriedener geworden? Fühlen wir mehr, je mehr wir davon lesen – lieben und leben wir danach mutiger und bedingungsloser? Und an wie viele kluge Zeilen, die wir gelesen haben, erinnern wir uns vierundzwanzig Stunden später überhaupt noch? Die ganz guten Gedanken speichern wir vielleicht auf dem Handy oder schreiben sie ab und kleben sie uns an die Wand, um sie nicht zu vergessen – aber wie tief wirken sie in uns nach? Wie viele Motivationskrücken brauchen wir denn noch?

Was uns jedoch einmal zutiefst emotional bewegt hat, das wirkt nachhaltig im Bewusstsein und verändert uns grundlegend und langfristig. Ein Mensch zum Beispiel, der uns in einer Begegnung im Herzen berührt hat, geht uns lange nicht mehr aus dem Kopf, selbst wenn wir alle Handy-Bilder von ihm gelöscht haben. Oder die Erfahrung einer knapp überlebten Erkrankung: Plötzlich geben wir das Rauchen auf und bewegen uns mehr, ohne uns ständig dazu ermahnen zu müssen. Ein Autounfall und wir nehmen den Fuß endlich vom Gas, auch ohne Blitzerwarner und Bußgeldkatalog. Man kann auch mit Dutzenden To-do-Listen und mit Verbissenheit und viel Mühe einiges abarbeiten, ob es am Ende aber nachhaltig wirkt und uns glücklich und frei macht, sei dahingestellt. Ein einziges tiefes Gefühl genügt jedoch, und wir begeben uns wie von selbst auf einen neuen Weg und folgen ihm ohne viel Zwang und Verbissenheit. Es sind die konkreten Erfahrungen und Gefühle, die uns verändern. Und wenn nicht die eigenen, dann auch die anderer Menschen, an deren Erleben wir mitfühlend Anteil nehmen. Gerade deshalb möchte ich in diesem Buch über die Liebe – über Gefühle und Mitgefühl – als Mensch von meiner wahren Geschichte erzählen, von dem, was ich tatsächlich erlebt habe.

Vieles, was erfahren werden will, damit es uns in eine Richtung verändern kann, die uns frei macht, wird verdrängt oder blockiert. Aber wozu sind wir hier, wenn nicht, um zu fühlen und zu erleben und um die Schöpfung zutiefst zu erfahren? Was nehmen wir mit auf die andere Seite am Lebensende, von all unseren Meinungen und Besitztümern? Worauf schauen wir zurück, wenn wir sterben, wenn nicht auf unsere großen Erlebnisse und auf die Momente, in denen wir uns und andere wirklich gespürt haben?

Als ich nach einer Operation im Krankenhaus vor fünfzehn Jahren fast verblutete oder als ich mich später allein auf dem Ozean an meinem Boot festklammerte und versuchte, nicht zu ertrinken, da schien mein Leben bereits zu Ende. Was mir dabei durch den Kopf ging, waren genau diese Momente der Dankbarkeit und Erinnerungen an all das, was mich wirklich zutiefst berührt hat im Leben, es waren der Stolz, nicht aufgegeben zu haben, und die Einsicht, dass ich immer viel zu viel Angst vor dem Scheitern hatte und die Bedeutung vieler Dinge erst jetzt und viel zu spät begriff. Vor allem dachte ich an die Menschen, mit denen ich mich verbunden fühlte, und daran, dass ich einige hätte lieber fester umarmen sollen, anstatt mich mit ihnen wegen aufgeblasener Belanglosigkeiten zu überwerfen – wegen Machtspielchen und Meinungsverschiedenheiten darüber, wer womöglich recht hat und wer besser oder schlechter, klüger oder dümmer, schuldig oder unschuldig ist … All das existiert nur im Kopf, das Herz aber kennt keine Gewinner und Verlierer.

Das alles bestimmende Gefühl in diesem Moment war, dass dennoch alles *richtig* so geschehen war – dass ich jedenfalls immer mein Bestes gegeben hatte und dass sich alles in dem Moment zu einem Sinn fügte: Die Vergangenheit mit allen vermeintlichen Fehlern ist vergeben, wo ich in der Gegenwart dankbar bin. Und ich war dankbar über dieses Leben.

Hätte ich das nur früher erkannt beziehungsweise nicht ständig wieder vergessen, dann wäre ich bestimmt noch viel mutiger und nachsichtiger im Leben gewesen. Mutiger, mich unbequemen Wahrheiten zu stellen, die meinen Gefühlen im Weg standen – mutiger, um mehr in die richtige Richtung zu *scheitern,* mutiger, um mehr Narben zu sammeln, mehr zu wachsen und zu erleben, anstatt immer nur in allem recht haben zu müssen, jedem zu gefallen und bloß *sicher* vor unangenehmen Überraschungen zu sein. Ich dachte an meine Eltern und an meine Freunde, als ich da das Leben an mir vorüberziehen sah, und ich fühlte mich so selbstverständlich in meiner Verwundbarkeit und Vergänglichkeit. All das *Coole,* das Souveräne und Harte, das ich früher vorgab zu sein, das war gar nicht ich – ich fühlte mich wieder wie ein Kind, ich begriff, dass ich gar nichts vom Wunder dieser Schöpfung verstanden hatte und dass es eine große Gnade war, am Leben zu sein. Ich war wieder demütig, rein und zerbrechlich.

Leonard Cohen sang in seinem Song »Anthem« einmal *von dem Riss in allen Dingen, durch den das Licht erst einfallen kann.*[8] Vielleicht sollten wir daran denken, wenn wir uns das nächste Mal fürchten zu zerbrechen. Vielleicht kann wirklich erst durch unsere *Wunden* und Risse *das Lebenslicht wieder* eindringen. Auch in dem Zitat eines mir unbekannten Autors, das im Internet kursiert, heißt es, man müsse sich das Herz immer wieder brechen lassen, damit es sich endlich ganz öffnen kann. Wenn alles nur gut läuft und nie etwas wehtut, wenn wir alles runterschlucken und wegdenken, dann bleibt das Herz zu. Viele Dichter, Mystiker und *lebensweise* Menschen haben davon gesprochen und geschrieben, dass man erst durch das Dunkle hindurchschreiten muss, um das große Licht wiederzufinden – durch die »dunkle Nacht der Seele«, wie Johannes vom Kreuz es nannte. Aber unabhängig davon, was in Büchern steht, reicht es, wenn man sich selbst einmal in der Welt nach Menschen umschaut, die immer nur zum gleißenden Licht streben, aber jeder Dunkelheit, jedem Scheitern und Straucheln aus dem Weg gehen. Vielleicht begreifen sie das große Privileg des Lebens gar nicht mehr, müssen nicht ums Überleben kämpfen und mit anderen zusammenhalten, sondern sind mit dem eigenen *Drüberleben* und *Hyperleben* beschäftigt. Dann dreht sich alles nur um sie selbst. Bei unseren vielen Möglichkeiten und Zielen, die ein individuell perfektes Leben versprechen, sind wir so beschäftigt damit, uns selbst zu verwirklichen, dass für Menschlichkeit und (Mit-)Gefühl wenig Raum bleibt.

Gerade las ich dazu passend auf Facebook diesen Spruch: »*Harte Arbeit ist der Schlüssel zum Erfolg!*« Er stand auf dem Foto einer halb nackten Blondine beim Workout für ihren stahlharten, *sexy* Körper. Tausende Menschen hatten den Beitrag geteilt. Nur ein paar Klicks weiter das Foto eines Kindes vom anderen Ende der Welt, das schwere Ziegelsteine schleppt – harte Kinderarbeit, der Schlüssel zum Erfolg? Kein einziges Mal geteilt …

Was kümmert *mich* der Rest der Welt, solange ich erfolgreich, liebens- und begehrenswert bin? Wir haben immer weniger Mitgefühl mit anderen, aber dafür können wir dann in den sozialen Netzwerken Mitleid bekunden und uns empören, wenn wir mal wieder von einem Weltereignis *betroffen* sein dürfen. Nicht alle sind so, aber ich war so. Andere waren mir früher – vor allem bevor ich auf den Atlantik hinausgerudert bin – ehrlich gesagt weitgehend egal. Ich suchte immer nach der nächsten großen Welle, die mich endlich glücklich und frei machen würde – aber andere Menschen glücklich zu machen, das war nicht so mein Ding.

Noch vor fünfzehn Monaten war ich ganz gut unterwegs zu den Zielen auf meiner Erfolgsstraße, setzte beharrlich alles in die Wirklichkeit um, was ich mir erträumt hatte. Ich konnte endlich Bücher veröffentlichen, hatte Erfolg als Autorin, stand ein paar Mal auf der Bestsellerliste und vor der Kamera, ich kam sehr viel herum und traf immer neue, faszinierende Menschen, die mich bereicherten – es lief, *irgendwie*. Die Sonne stand hoch am Firmament in meinem Karriereleben. Nicht alles war perfekt, sicher, aber der Erfolg dämpfte meine Selbstzweifel. Ich hatte inzwischen viele Freunde, die Familie war gesund, man bat mich oft um Rat, fast täglich erwartete mich Leserpost in meiner Mailbox und immer wartete irgendwo ein Abenteuer. Ich meine, was willst du mehr, nach einem Leben voller Sinnkrisen und Depressionen? Vielleicht war das jetzt eben mein Weg.

Vergiss die Liebe erst mal, mach dein Ding allein!, dachte ich immer häufiger. Die ganz dunklen Kapitel meines Lebens schienen jedenfalls weit hinter mir zu liegen, ich hatte wohl endlich eine Stehwelle des Erfolgs erwischt und wollte nur noch weiter nach oben surfen. Ich meinte wirklich, dass ich weitgehend mit allen Kämpfen und Zweifeln durch wäre, und nahm verrückterweise an, dass ich jetzt auch noch ein Buch über die Liebe schreiben könnte. Es würde sich schon alles fügen, es hatte sich doch immer alles irgendwie gefügt, wenn ich mich einfach mal in Ruhe ließ und *mein Ding einfach durchzog*.

Ich erinnere mich genau: Wie jetzt saß ich hier am Computertisch, vor mir eine Tasse Espresso und unter mir wie üblich zu viel Staub auf dem Parkett. Ich freute mich über diesen neuen Buchvertrag, über spannende Interviewanfragen, kam gerade von einem Vortrag aus Österreich mit mehr als dreihundert Besuchern zurück. *Das wird schon alles mit dem Buch!* – Ich drehte ein paar Runden auf meinem Bürostuhl und dachte, bis mir schwindelig wurde: *Geil! Eigentlich ist es geil! So könnte es bleiben – fast wunschlos glücklich, mal ziemlich angekommen.*

Und ich war tatsächlich ein ganzes Stück auf der Erfolgsstraße weiter- und mir dabei etwas nähergekommen. Ich hatte unglaubliche Erfahrungen im Leben sammeln dürfen, wähnte mich einer Art *Erleuchtung* nahe und fühlte mich meist frei und in einem inneren Frieden, während ich da mal wieder im Schnellzug des Erfolgs saß und die Fensterscheiben im Waggon nicht allzu genau mein Gesicht und meine Selbstzweifel widerspiegelten. Ich wähnte mich sicher, die alltäglichen Sorgen waren mir einerlei und die nächste Pizzeria lag nur dreihundert Meter weit entfernt – es müsste schon etwas richtig Heftiges passieren, um mich zu destabilisieren. Der Horizont schien weit und klar, kein Unwetter zog auf, ich fühlte mich mehr als zufrieden. Und als wäre eine solche Zufriedenheit eine unverschämte Verletzung aller Naturgesetze, griff das Universum umgehend ein.

Ein kosmischer Super-GAU

ping! »*Sie haben eine neue Mitteilung!*« Eine Nachricht landete im Postfach einer meiner zahlreichen Dating-Apps auf dem Mobiltelefon. Ich wurde gefunden und angeschrieben. Das Wesentliche lässt sich wohl nicht finden, es findet uns, wenn wir bereit dafür sind … oder überfällig.

Ich hatte in dieser Phase nicht unbedingt Lust auf neue Begegnungen, ging den meisten Flirts in Bars und Chats aus dem Weg. *Es würde ohnehin nur so verzwickt und enttäuschend wie immer enden,* lenkte ich mich ab. Außerdem waren zwei Beziehungen noch nicht so ganz endgültig gelöst, sagen wir: *Es war kompliziert.* Aber der folgende Dialog wickelte mich in Windeseile ein. Ich war offenbar doch nicht so zufrieden mit meiner Zufriedenheit, sonst hätte ich alle Dating-Apps gelöscht. Da gab es wohl immer noch diese eine große Baustelle in meinem Leben, und nur weil ich davor weglief oder sie ignorierte, würde sie sich sicher nicht von allein in Luft auflösen. Da müsste vielleicht alles komplett abgerissen und vom Fundament her neu aufgebaut werden – nur nicht jetzt, jetzt lief doch alles. Aber das Universum hatte anscheinend Inventur, alle Schutzengel steckten im Lager fest und eine emotionale Planierraupe mit roten Locken und 30 000 Stangen Dynamit im Lebensgepäck machte sich aus Richtung Frankfurt auf den Weg zu mir.

Wir trafen uns recht schnell und rissen innerhalb weniger Wochen alle meine Luftschlösser von Liebe und Zufriedenheit ein. Bei mir musste immer alles schnell gehen, der Kaffee, das Essen, das Internet … und vor allem wenn mich jemand berührte, wollte ich ihn umgehend und sofort … nur konnte ich eine Beziehung dann wiederum sehr schwer loslassen, wenn sie mich doch nicht glücklich machte oder sogar verletzte. Geduld war nie meine Stärke.

Mit der ersten Begegnung stellt man schon die Weichen für die Zukunft einer Beziehung. Und was kompliziert beginnt, wird meist noch komplizierter. Denn wenn man sich von Beginn an *verbiegt,* nur um dem anderen zu gefallen, wird am Ende alles schief und krumm. Werden einem zarten Spross die Blätter abgeknickt, dann fehlen dem Baum später an dieser Stelle die Äste – alles braucht Zeit, vor allem um Stabilität, Vertrauen und Geborgenheit wachsen zu lassen. Auch ein Baum bildet erst in vielen Jahren kräftige Wurzeln aus, die ihm Halt geben und ihn nähren. Aber er kann an nur einem einzigen Tag gefällt werden. Daher sind beim Kennenlernen eigentlich Geduld und Abgrenzung wichtig, damit man bei sich selbst und seinen Bedürfnissen bleiben kann. Und zwar von Beginn an, trotz etwaiger Ängste, nicht zu genügen oder es zu vermasseln. Was passieren soll, wird passieren – was füreinander bestimmt ist, was zusammenpasst, wird sich auch mit Ruhe und Geduld richtig fügen, auch wenn jeder erst einmal *bei sich bleibt* und sich die Zeit und Ruhe nimmt, die er braucht. Wenn man sich aber in jeder Begegnung gleich eine Chance auf Beziehung oder gar Seelenpartnerschaft erhofft, weil die Einsamkeit treibt, dann überstürzt sich natürlich alles.

Wer es wie ich immer eilig hat und dazu noch schlecht Grenzen ziehen kann, weil er seine Grenzen nicht kennt und sie ständig unbewusst missachtet, wird im Leben mit vielen Menschen konfrontiert, die sie ebenfalls permanent und bisweilen sogar rücksichtslos überschreiten. Sind wir achtlos mit uns selbst – spüren und beachten wir unsere eigenen Grenzen nicht –, werden sie andere ebenfalls nicht beachten.

Dass in der Eile einer Begegnung das Destabilisieren und das Überschreiten von Grenzen wichtige Elemente sind, um ein trügerisches Gefühl von Bindung zu schaffen, das begriff ich erst hinterher. Auch dass damit bewusst oder unbewusst manipuliert wird, um genau das Nichtpassende zu verschleiern und den anderen in eine Abhängigkeit zu stürzen. Man will es eben passend machen, um jeden Preis!

*Echte Motivation entsteht, wenn Herz und Kopf
zusammen auf die Reise gehen.
Wenn beide zusammen etwas erreichen oder
etwas loslassen wollen, nur dann gelingt es.
Will der Kopf bleiben, aber das Herz gehen,
oder will das Herz bleiben und der Kopf gehen,
stagnieren wir, zerreißen uns oder fallen um.
Eigentlich sollten wir genauso viel fühlen,
wie wir denken. Und dann müssten wir platzen
vor Gefühlen, eigentlich.*

Ich *wusste* das alles eigentlich schon vorher, hatte es aber nicht verinnerlicht – und so rauschten wir zusammen wie zwei gewaltige Galaxien, die im Weltraum aufeinander zufliegen und sich treffen. Das wirkt von außen betrachtet zunächst weniger spektakulär, als man erwartet – auf den zweiten Blick ist es atemberaubend! Die Galaxien durchdringen sich gegenseitig, aufgrund ihrer Größe aber, und mit entsprechend großem Abstand zwischen den jeweils etwa einhundert Milliarden Sternen, prallen sie nicht wirklich zusammen. Es gibt erst mal kein großes Theater, keine Kollisionen – da ist Platz für jeden Stern und für jedes Leuchten des einen im anderen, man ist geblendet von der Schönheit so einer Begegnung. Aus zwei Sternensystemen entsteht ein einziges, eine neue Galaxie. Alles geschieht ganz sanft, nichts geht dabei kaputt. Und wenn sie sich erst mal mit ihrer Anziehungskraft komplett ineinander verwickelt haben, kommen die Galaxien auch nie wieder voneinander los.

Ich weiß nicht, ob Galaxien bei so einer Verschmelzung große romantische Gefühle empfinden, ob sie einen kosmischen Orgasmus dabei bekommen und wie lange der dann bei Galaxien dauern würde. Vielleicht ist es auch eine Frage der Größe. Keine Ahnung, ob es sie noch kümmert, welcher Stern ursprünglich zu wem gehörte, und ob sie sich nun zusammen schöner finden, wo sie am Ende als ein System doch doppelt so hell leuchten wie vorher entzweit.

Aber für zwei Sternenstaubwesen, die in einer solchen Milchstraße auf einem kleinen blauen Planeten leben, fangen spätestens hier die Probleme an, wenn sie sich derart aufeinander zubewegen und auf magische Weise angezogen fühlen. Denn sie denken nun mal und sie fühlen! Und sie kümmern sich durchaus darum, wem was gehört und wer mehr oder weniger hell leuchtete vor der Begegnung. Und vor allem lassen sie sich überhaupt nicht gern von einem anderen verschlingen, während sie sich gleichzeitig mindestens genauso sehr danach sehnen, mit dem anderen Menschen eins zu werden.

Nur, wie bekommt man das dann geregelt mit der Sehnsucht nach Vereinigung, die allzu schnell ein Vernichtungsgefühl auslöst? Nähe, Distanz – der alte Eiertanz!

Äußerst selten läuft es bei Menschen so harmonisch ab wie bei Galaxien. Gern würde man erst einmal nur mit den schönen Anteilen des anderen verschmelzen, nur mit seinen strahlendsten Eigenschaften und Sternen. Doch leider bringt jeder Mensch, genau wie jede Galaxie, dunkle Altlasten mit sich: tote Sterne und schwarze Löcher – wer will die schon? Und je kleiner die Welt in den Köpfen der beiden Menschen, umso größer die Gefahr, dass es doch schnell Kollisionen gibt, wenn man vorher nicht klären konnte, welche Meinung von beiden nun bleiben darf und welche weichen muss an dieser einen Stelle im neuen System.

Eine einfache Gegenkraft zur Anziehungskraft, zur Gravitation, gibt es nicht in Galaxien, nur den Strahlungsdruck der Sonnen und die Drehkräfte des Systems. Ähnlich ist es mit der Anziehungskraft zwischen zwei Menschen: Es ist schwierig, sich wieder zu entzweien, wenn man sich mal so nah war und womöglich ineinandergeraten ist. Und wenn der Verlust der Individualität und Selbstbestimmung droht, dann explodieren eben die Sterne in uns und wir winden, schütteln und drehen uns, um den anderen loszuwerden und wegzustoßen. Bei jeder nur passenden oder passend gemachten Gelegenheit: Streit, heftige Gegenwehr, man schlägt verbal und schlimmstenfalls körperlich um sich, *bis es knallt*.

Wenn man erst einmal auf eine derart symbiotische Art vereint war, kann man sich nur auseinanderreißen, mit aller Gewalt, und jeder reißt einen Teil vom anderen mit sich. Danach ist keiner mehr wie vorher. Je tiefer die Verbindung und Vereinigung war, desto größer der Schaden. Manchmal kommt man überhaupt nicht mehr auseinander, man windet und dreht sich, zerreißt alles und die Bruchstücke krachen aufgrund der Anziehungskraft doch wieder ineinander. Manchmal geht so etwas ein Leben lang.

Was durchs Teleskop am Nachthimmel betrachtet als Vermählung zweier Galaxien wunderschön aussieht, gestaltet sich im ganz irdischen Miteinander zweier Menschen schnell als Beziehungshölle. Eine halbe Unendlichkeit lang nichts, dann Galaxien und Sterne, Licht und Schatten – und jetzt gab es uns beide. Hunderte Milliarden Galaxien, mit jeweils bis zu Hunderten Milliarden Sternen, und irgendwo dazwischen sie und ich!

Was können wir von den Galaxien da oben am Himmel lernen? Muss man sich im anderen verlieren, um eins werden und eins bleiben zu können? Oder müssen Menschen die Anziehungskräfte zwischen einander im rechten Moment an- und abschalten, um sich mit Schwung zu begegnen, zu durchwandern und dann wieder unversehrt voneinander lösen zu können? Ist eine erfüllte Liebe ein Spiel mit der Gravitation, die im richtigen Moment an- und abgeschaltet werden muss? Dazu müssten wir diese Kraft bewusst steuern können, statt uns unbewusst steuern zu lassen und ihr hilflos ausgeliefert zu sein. Mal im Gleichgewicht, mal im Ungleichgewicht – mal Ruhe, mal rein ins Abenteuer.

Dieses Spiel beherrschte ich aber nicht, zu vieles schien unbewusst und immer viel zu schnell zu geschehen. Gerade in dieser Beziehung verlor ich komplett und zum ersten Mal die Kontrolle und bemerkte es lange nicht einmal. Ich hatte mich noch nie dermaßen von einem Menschen angezogen gefühlt, wurde aber auch noch nie derart verletzt, destabilisiert, zerrissen und allein gelassen. Ins Tagebuch schrieb ich zu dieser Zeit:

du kannst mit mir lachen.
du kannst mich küssen.
du kannst mich begehren.
aber wenn du mich nicht
auch halten willst,
wenn ich mich fürchte
und ich wanke und zweifle,
weil ich nicht mehr weiterweiß
und erschöpft von uns bin,
dann will ich ALLE diese Gefühle,
die ich ohne dich nicht hätte,
keine weitere Stunde mehr ertragen.

Auf Gewitterwolke sieben

Ich glaubte an die große Seelenverwandtschaft, aber wir hielten uns eigentlich gegenseitig nur den Spiegel vor. Und ich spürte mich so wahnsinnig intensiv dabei, wenn ich mich selbst in Auseinandersetzungen verletzte, weil ich mitmachte, anstatt mich dem einfach zu entziehen – ganz praktisch, wenn ich die Verletzungen und die Schuld dann aber immer auf die andere schieben konnte. Dabei muss alles, was wir im anderen verurteilen, auch einen Bezug zu uns haben und eine Affinität, sonst wären wir nicht davon betroffen. Und somit zeigt sich im Spiegel zugleich der Teil in uns, den wir nicht sehen wollen – ein Schatten, den wir noch nicht *erleuchtet* haben. Aber natürlich möchte man das nicht sehen – es muss am anderen liegen, er hat *Schuld!*

> *Die Liebe zeigt sich, so wie sie ist,*
> *in dem Moment, in dem du mutig bist –*
> *im Augenblick, in dem du dir vergibst,*
> *und deine »Schuld« im Nächsten liebst.*

Aber keine von uns beiden hatte *Schuld,* jede wollte alles richtig machen, doch die Konstellation im Unbewussten war explosiv. Wir alle geben immer nur unser Bestes, wollen glücklich sein und ankommen. Was uns unterscheidet, ist die Anzahl der gescheiterten Versuche, glücklich zu werden. Wir treffen unsere Entscheidungen nach unseren aktuellen Möglichkeiten – folgen dabei unseren Wertvorstellungen und unseren vorangegangenen Erfahrungen. Nur in der Rückschau, später, wenn wir mit den Konsequenzen konfrontiert sind, inzwischen neue Erfahrungen gesammelt haben und klüger geworden sind, dann mag das Gefühl aufkommen, wir hätten in der Vergangenheit etwas falsch und uns schuldig gemacht. In der Situation selbst jedoch, als wir die Entscheidungen trafen, fehlte uns noch die Erfahrung und dieses Wissen, mit dem wir jetzt Vergangenes neu bewerten können. Was bringt ein Schuld- und Fehlerbewusstsein also, außer dass es uns in der Vergangenheit festhält, uns die Zukunft verbaut und das Leben im *Jetzt* unmöglich macht?

Hätten wir es früher besser gewusst, wären wir womöglich einen anderen Weg gegangen, doch der stand uns noch nicht offen.

So weiß ich nun auch nach dieser Beziehung mehr als vorher, und dafür bin ich unendlich dankbar, auch wenn es sehr wehtat und ich auf ein anderes Ende gehofft hatte. Um daran zu wachsen, musste ich diese Erfahrungen erst machen und daraus lernen und durfte mich nicht mit unsinnigen Fragen um Schuld oder um Fehler selbst blockieren und ablenken.

Man gewinnt und verliert zusammen,
man hat zusammen recht und unrecht –
das macht ein richtiges Wir eben aus.
Jeder gibt sich und dem anderen Halt, man hält sich
gegenseitig und lässt zusammen los.

Nach dieser Beziehung gelang es mir zum ersten Mal, bewusst mit dem Thema Schuld umzugehen. Ich ließ meine Schuldgefühle und

Schuldzuweisungen langsam los. Solange wir mit anderen um Recht und Unrecht *ringen,* ringen wir noch in uns, mit uns selbst. Deshalb gibt es nur Verlierer in diesen Machtspielen, bis sich das Bewusstsein dafür entwickelt hat, dass sie niemandem weiterhelfen – und das braucht Zeit für Reflexion und Klarheit. Wenn aber zwei Hitzköpfe aneinandergeraten, mangelt es leider vor allem genau daran.

Eigentlich sind solche Auseinandersetzungen ein unfassbar großes Geschenk, zeigt der andere uns doch, was in uns noch erlöst und befriedet werden muss. Wenn man mich zum Beispiel als einen dummen Menschen bezeichnet, lässt mich das relativ kalt, weil ich inzwischen gut genug weiß, dass ich nicht dumm bin. Aber nannte sie mich etwa einen Versager oder riss alle Wunden meines Identitätskonflikts auf, der eben noch nicht befriedet war, dann hatte sie mich! Diese Wunden waren noch nicht geheilt, noch nicht vernarbt und sie *trat* genau dorthin, wo es wehtat. Darum geht es doch – wenn man sich in nicht konstruktiven Auseinandersetzungen gegenseitig verletzen will: Es gilt, die wunden Punkten und Selbstzweifel des anderen zu finden, und oft erkennt ein uns nahestehender Partner sie viel klarer als wir selbst. Früher konnte ich vor solchen unangenehmen Situationen wenigstens irgendwie flüchten, aber in dieser Beziehung gelang mir das einfach nicht mehr. Sie machte mich fertig, kannte keine Grenzen, ich stand wie ein begossener Pudel da und versuchte, wie ein Pitbull zurückzukläffen.

Es fing immer ganz harmlos an. Erst waren da kleine Missverständnisse, die sich zuspitzten und hochschaukelten – bald hatte ich das permanente Gefühl von Schuld im Hinterkopf und die Sorge, gleich wieder etwas Falsches zu tun oder zu sagen. Dann folgten unbewusste *Spielchen,* um den anderen zappeln zu lassen. Oder ich gab bald nur noch zwischen den Zeilen mit Kühle oder Sarkasmus zu verstehen, dass ich verletzt war, anstatt es weiterhin direkt anzusprechen und mich dann abzugrenzen, wenn mit Unverständnis reagiert wurde oder sich nichts wirklich änderte. So stauten sich immer mehr Frust und Verärgerung an und vor allem Hoffnung, an die ich mich zu klammern versuchte, die sich aber einfach nicht erfüllte, und alles entlud sich dann unkontrolliert bei der erstbesten Gelegenheit. Das eigentliche Problem – die Angst vor so viel Nähe, aber auch vor zu viel Distanz – versteckte sich in Hunderten Nebenkriegsschauplätzen, bis wir überhaupt nicht mehr durchblickten, warum wir ständig überreagierten. Klare und verlässliche Absprachen in der Beziehung wurden immer schwieriger, Misstrauen und Eifersucht gesellten sich dazu, die ganze Kommunikation wurde anstrengend und lähmend. Nächtelang lag ich wach, regte mich auf, schimpfte, fluchte – aber wie sehr ich mich doch dabei auch spürte!

Dazu kam das Dilemma der Onlinekommunikation über Chats: Da gibt es viele Worte, Bilder und Smileys, aber da ist keine Mimik, da sind keine Gesten. Und mit der Erwartungshaltung, dass es wieder ein Problem geben könnte, liest man dann, was man lesen will, statt das, was der andere wirklich schreibt und meint. Aber die falschen Worte, die man im Chat oft leichtfertig benutzt, verletzen trotzdem und sind nicht mehr zurückzunehmen. Man kann sich später zwar entschuldigen, aber das kann man auch, wenn man jemandem den Arm bricht: »Tut mir leid, entschuldige bitte!« Aber der Arm ist trotzdem gebrochen und schmerzt und wird von immer neuen Entschuldigungen allein auch nicht wieder heil.

Oft erwartet man im Chat auch gerade etwas völlig anderes oder bewegt sich beim Lesen einer Nachricht als Empfänger in einem ganz anderen Kontext als der Absender – dann ist man enttäuscht oder verwundert, lässt den andern warten, gibt ihm das diffuse Gefühl, dass etwas nicht stimmen könnte, anstatt klar zu kommunizieren.

Das Theater beginnt oft schon in dem Moment, wo man sich zum ersten Mal bewusst entscheidet, den anderen in der Luft hängen zu lassen, obgleich man eigentlich mit ihm sprechen will. Es beginnt mit der sogenannten kognitiven Dysbalance, mit dem Zwiespalt, dass das, was man tut, nicht mehr im Einklang mit dem ist, was man wirklich fühlt. Dann werden Nachrichten bewusst nicht beantwortet, es wird geschwiegen und gespielt. *Soll die andere nur spüren, dass es mir nicht gut geht und dass mich etwas beschäftigt.* Und sie *beschäftigt* sich dann damit. Das ist auch eine Art von Bindung und *Beziehung,* aber leider ohne freie Zuneigung und Vertrauen. Und manchmal steht etwas im Raum, das uns beschäftigt, das mit dem anderen jedoch gar nichts zu tun hat – dann ist man bei sich und denkt nicht mal daran, dass der andere sich womöglich wundert, warum nach superintensiven Tagen plötzlich keine Nachricht mehr kommt.

Ich hing oft in der Luft in dieser Beziehung, fragte mich dauernd, ob ich etwas falsch gemacht hatte und was jetzt wieder los war. Immer häufiger rechtfertigte und entschuldigte ich mich, stellte Dinge klar, erklärte mich – später schon präventiv. Immer mehr beschlich mich dieses irritierende Gefühl, wie auf Eierschalen zu laufen und bloß nichts Falsches zu sagen. Oft wusste ich einfach nicht mehr, ob wirklich ein ungeklärtes Problem in der Luft lag, ob es überhaupt etwas mit mir zu tun hatte oder ob Konflikte nur inszeniert wurden, weil sie selbst mit sich überfordert war und sich wie ein verletztes Tier einen Freiraum zum Rückzug schaffen wollte. Und dann beschäftigte ich mich eben nur noch mit diesen Seltsamkeiten, wollte alles verstehen und richtig machen.

So gerieten wir immer tiefer in den Sog der Beziehungsprobleme. Wenn wir uns einredeten, dass wir so etwas nicht nötig hatten, dann aber der Stolz ins Spiel kam, nahm das Ganze nur noch an Intensität zu. Je mehr ich mir zum Beispiel vorsagte, dass ich etwas auf gar keinen Fall mehr denken oder tun wollte beziehungsweise sollte, umso mehr drängte es sich auf und nagte an mir. Also unterdrücken wir Gefühle, die sich nicht gut anfühlen, anstatt sie zuzulassen, damit sie endlich gehen können – wir vermeiden Situationen, in denen sie geweckt werden könnten, verstricken uns aber gerade deshalb erst recht darin. Was wir verdrängen, machen wir stärker, denn es muss ja anziehend sein, wenn wir so viel Kraft aufwenden, um auszuweichen. *Versuche mal, nicht an einen blauen Elefanten zu denken ...* Je mehr wir uns bemühen, desto mehr denken wir dran.

Je mehr ich wegwollte, umso schwerer wurde es zu gehen. Meine Arbeit blieb liegen, für meine Freunde hatte ich keine Zeit mehr und wollte ihnen auch nicht zum tausendsten Mal erklären, was ich selbst nicht verstehen konnte. Ich zog mich immer mehr aus meinem alten Leben und sozialen Umfeld zurück und geriet immer tiefer in den Strudel zwischen Nähe und Distanz zu ihr. Obwohl ich mich mit Händen und Füßen dagegen wehrte, konnte ich mich nicht klar abgrenzen oder die Beziehung endgültig beenden. Da war diese Verlustangst – ich nahm zu lange an, dass ich so einen Menschen, der eben auch andere, wunderschöne Seiten hat und meine Schwächen so gut ausmachen kann, ganz bestimmt nie wieder treffe. Aber vor allem trifft man so einen Spiegel nicht wieder!

Jeden dritten Tag Streit gab es Streit bei uns und danach wieder das berauschende Heroin der Versöhnung. Zucker, Peitsche, Zucker, Peitsche. Die Situation eskalierte zusehends, Stolz und Schuldgefühle befeuerten die Auseinandersetzungen, ich wollte wenigstens recht haben und die Unschuldige sein. Ich war so im Kopf gefangen, dass ich die emotionalen Verletzungen, die ich davontrug, erst einmal gar nicht spürte. Sie waren sehr tief.

Ein Satz schwirrte mir andauernd im Kopf herum, er war fies, aber er öffnete mir die Augen: »*Man soll nie mit einem Schwein im Matsch ringen. Beide werden schmutzig dabei. Aber das Schwein mag das.*« Er bezog sich durchaus *auch* auf mich. Nahm ich zum Beispiel nur das Wort *Kindergarten* in den Mund, riss sie mir alles auseinander, was ich über Jahrzehnte versucht hatte zusammenzuflicken. Es wurde richtig *dreckig* und am Ende gab es keine Entschuldigungen mehr für das, was wir anrichteten.

Ihre Worte waren aber oft nichts anderes als meine eigene innere Stimme, nur hörte ich sie eben aus einem anderen Mund. Ich rang doch ständig mit meinen Selbstzweifeln und meinem Selbsthass im Matsch, und am Ende war alles eine einzige Sauerei. Und ich konnte nichts gegen diese Zweifel in mir machen – nickte innerlich, wenn sie mich fertigmachte, obwohl ich mich vehement verteidigte und rechtfertigte. Ich wollte meine diffusen Probleme nicht weiter aufarbeiten, es schien einfach keine Lösung zu geben und ich war erschöpft, also hörte ich ihr eben zu, wenn sie mich beschimpfte, und goss immer ein bisschen Öl ins Feuer – in dem Licht konnte ich mir das ganze Desaster wenigstens noch mal anschauen und mir das eigene Totalversagen im Leben vergegenwärtigen. Ich tat mir plötzlich selber leid. Was, wenn mein Weg doch ein riesengroßer Fehler war und ich alles, wirklich alles falsch gemacht hatte vor zwanzig Jahren?

Ein Funke Unsicherheit reichte und alles flog in die Luft in dieser Beziehung. Dabei war ich früher nur schwer aus der Ruhe zu bringen und lief lieber vor jedem Konflikt davon. Es wunderte mich, dass ich so explosiv sein konnte. Ich erinnere mich durchaus an einige Lampen, die in Beziehungen nach mir geworfen wurden, weil ich meinen Partner einfach stehen ließ, als es einmal lauter wurde. Aber Rückzug ohne Erklärung, Entzug der Liebe und Aufmerksamkeit sind eben auch eine Art zu bestrafen. Einfach gehen, um Konflikten auszuweichen, ist eine einseitige Lösung, aber nur solange man den Ärger nicht mitnimmt.

Auf Augenhöhe

Früher zündelte ich gern, wenn mir Beziehungen zu anstrengend wurden, steckte alles an, lief dann aber schnell weg und sah aus sicherer Entfernung zu, wie das Haus abbrannte. Jetzt brannte das Haus lichterloh, aber wir steckten beide noch drin. Keine von uns kam weg. Die Versöhnungen schienen himmlisch, aber nach der Streithölle hätte ich wohl auch das Fegefeuer für ein Paradies gehalten. Wir rissen gegenseitig alle alten Wunden in uns auf, keine wollte nachgeben – und so verloren wir beide. Was mich wirklich in diesem Teufelskreis hielt, war eine Abhängigkeit – meine Partnerin zeigte mir meine Sehnsüchte auf und nahm mir meine Schuldgefühle ab. Es waren starke Gefühle im Spiel und ich hatte mich Hals über Kopf *verliebt,* daran bestand kein Zweifel. Aber nicht alles, was nach Liebe aussieht, ist am Ende auch freie und tiefe Liebe.

Selten sind unsere eigenen Wunden und primitiven Schutzmechanismen so klar zu erkennen wie in einer toxischen Beziehung. Sie weist uns den Zugang zu unserem Unterbewusstsein und den tiefsten Konflikten, Zweifeln, Verletzungen und Traumata, die darin im Verborgenen noch wirken und uns fernsteuern. Um uns diese aber bewusst zu machen und um sie heilen zu können, müssen wir bei uns bleiben, auf uns und unser Verhalten blicken und den eigenen Anteil in einer solchen Beziehung erkennen. Vor allem gilt es, sich irgendwann den Verlust- und Versagensängsten, Abhängigkeiten, Schuldgefühlen und bewussten wie unbewussten Manipulationen zu entziehen und sich Raum zu schaffen, um das Ganze einmal in Ruhe zu betrachten.

Ob wir nun einfach an *schwierige Menschen* geraten oder vielleicht sogar an Narzissten oder Borderliner, es gibt nicht Täter oder Opfer. Es gibt zwei Täter und zwei Opfer. Natürlich kann der eine mehr wie ein Opfer aussehen als der andere und womöglich hat einer der beiden sogar eine klinische Diagnose, an der sich ein Fehlverhalten und *die Schuld* allzu leicht festmachen ließen. Doch jeder ist für sein eigenes Leben verantwortlich und wer diese Verantwortung nicht übernimmt, bürdet sie in einer Partnerschaft automatisch dem anderen auf. Und man kann so unschuldig und süß dabei aussehen. Was uns dann bindet, sind gerade Schuldgefühle und die Chance, das innere Dilemma endlich einmal an den Partner abgeben und auf ihn projizieren zu können.

Für eine Beziehung auf Augenhöhe, ohne Schuldgefühle und Machtspiele war ich nicht *erwachsen* genug. Irgendwo zwischen Abhängigkeit und Koabhängigkeit befand ich mich meist in meinen Partnerschaften – ein ständiges Hin und Her und ein Gerangel um Macht und Kontrolle.

Das Bild der koabhängigen Belastungs- oder Persönlichkeitsstörung liefert hier einige interessante Aspekte. Man unterscheidet drei Phasen in Beziehungen:

Als Erstes identifiziert man sich mit den Sorgen des Partners, idealisiert ihn, spornt ihn an und macht Vorschläge. Man fühlt sich gebraucht, ein bisschen bestätigt als Ritter und Retter – und lenkt sich so auch von den eigenen Selbstzweifeln ab.

Dann versucht man, für den anderen die *Verantwortung* zu übernehmen, die man für sich selbst selten trägt, und beginnt sogar, für den Partner mitzuentscheiden. Am besten, ohne dass er es merkt. Einem selbst ist dieses Verhalten auch eher selten bewusst.

Am Ende kommen die Wut und die Entwertung des Partners, weil es nicht funktioniert, weil der abhängige Partner immer unselbstständiger wird, zur Last fällt und keine Last mehr tragen will. Dann sieht man im Spiegel das eigene Versagen, kann aber die Schuld auf den Partner projizieren.

Dem gegenüber steht der abhängige Partner:

Er lässt sich vom koabhängigen Partner an die Hand nehmen und hofft, dass der Retter endlich erschienen ist. Es handelt sich hier wiederum um eine Idealisierungsphase.

Natürlich gibt er gern (Eigen-)Verantwortung ab, die er nie wirklich getragen hat, genau wie der Koabhängige diese nie für sich übernommen hat. Und er kann immer mehr davon abgeben, denn nicht übernommene Eigenverantwortung nimmt eben zu, je mehr man davon abgibt.

Am Ende lässt man sich wieder entwerten und wird sitzen gelassen. Man fühlt sich ganz in seiner Versagerrolle, kann die Schuld aber ebenfalls auf den anderen schieben.

Letztlich ist keine ausgeglichene Partnerschaft möglich, solange nicht beide Partner dieses Ungleichgewicht in sich aufgelöst haben und sich ihrer Stärken und Schwächen bewusst sind.

Was bedeutet Augenhöhe in einer Beziehung eigentlich? Ich sehnte mich früher jedenfalls immer nach einer erwachsenen, einer reifen Partnerschaft auf Augenhöhe. Wofür das genau stand, war aber eher vage, und am ehesten stellte ich mir dabei einen selbstbewussten, erfolgreichen Menschen an meiner Seite vor, »*der mit beiden Beinen im Leben steht*«, wie es oft in Dating-Profilen im Internet heißt. Klug, schön, sehr sanft sollte dieser Mensch sein – kein Stress eben, kein *Kindergarten* und immer auf einer Höhe mit mir, wobei ich mich manchmal so hoch wie ein Fernsehturm fühlte, manchmal aber lieber unter dem Teppich verschwunden wäre wie ein Kleinkind.

Kann man denn immer und in allem auf Augenhöhe sein? Natürlich nicht. In einer idealen Beziehung wechseln die Rollen – mal führt der eine, mal der andere, mal fließen beide zusammen. Man ergänzt sich und geht bewusst mit seinen Stärken und Schwächen um, beide übernehmen Verantwortung für sich selbst *und* für den anderen, Verantwortung für die Partnerschaft also, in der die Summe, das *Wir,* stärker sein kann als zwei Individuen. Man gewinnt und verliert zusammen, man hat zusammen recht und unrecht – das macht ein richtiges *Wir* eben aus. Jeder gibt sich und dem anderen Halt, man hält sich gegenseitig und lässt zusammen los.

Ich ließ mich aber zum Beispiel nie gern festhalten oder führen, ich empfand das eher als ein Zeichen von Schwäche. Und schwach zu sein, das darf sich eine Kämpferin doch nicht erlauben – die Rüstung und die Waffen waren kostbar und es hat so lange gebraucht, sie zu schmieden, man kann sie doch nicht einfach ablegen. Ich hielt lieber meinen Partner oder meine Partnerin fest – ob sie festgehalten werden wollten oder nicht. Wenn wir jemanden halten können, sind wir stark – wenn wir jemanden halten müssen, um uns stark zu fühlen, sind wir sehr schwach. Das Gleiche gilt aber auch umgekehrt für den, der sich halten lässt: Wer sich halten lassen kann, ist stark – wer sich halten lassen muss, ist schwach.

Manche Menschen halten gern und es gibt Menschen, denen es an Bedürftigkeit nicht mangelt. So trifft man sich dann, der vermeintlich Starke und der vermeintlich Schwache, und man projiziert das, was man in sich nicht sehen will, auf den jeweils anderen. Auf diese Weise bleibt jeder bei sich und doch entsteht eine Bindung, eine Beziehung durch Abhängigkeit. Es sei denn, wir erkennen die unbewussten Muster und lernen, damit bewusst umzugehen. Beide Partner könnten aneinander wachsen, der vermeintlich Starke, indem er lernt, Schwäche zu zeigen, und der Schwache, indem er endlich seine Stärke zulässt. Sind sich beide dieser Muster nicht bewusst, wird der eine aber den anderen daran hindern, sich zu entwickeln und zu verändern. Somit bleiben beide in ihrer Entwicklung stehen.

Gerade diese Lektion habe ich erst durch diese Beziehung gelernt: mich auch mal halten lassen und den anderen stark sein und mich führen lassen, vertrauen und anvertrauen – ohne mich dabei ausliefern zu müssen. Loslassen, nicht hinfallen. Hingeben, nicht hergeben! Ich sehnte mich doch so danach – hatte diese Kraft schon immer gespürt, wenn einmal jemand kam, an dessen Schulter ich plötzlich *schwächer* werden konnte und leichter Luft bekam, weil eine große Last von mir abzufallen schien. Und nie hatte ich bis dahin so tief geatmet wie in ihren Armen und an ihrer Schulter.

Meine Angst davor, Schwäche zu zeigen, hatte sich in den letzten Jahren schon verringert, meine Partnerinnen oder Partner wurden selbstbewusster und ich konnte mich mehr und mehr fallen lassen. Aber eben selten ganz. Unter normalen Bedingungen verlor ich nie vollständig die Kontrolle. Es war mir zu heftig, was dann an Gefühlen in mir aufstieg.

Jeder Mensch braucht mal Halt, sollte sich fallen lassen dürfen und können, gar nicht mal nur in Beziehungen. Man kann sich auch bei dem fallen lassen, was man gerade tut, und dabei fließen und alles herausfließen lassen, statt zu planen und zu kontrollieren. Beim Schreiben gelang es mir manchmal richtig gut. Eintauchen, durchfluten lassen! Hingabe kann man schon beim Essen lernen, indem man langsam kaut und die Unruhe spürt, die sich dann vielleicht einstellt, und sie sich einmal genauer anschaut. Ich war früher immer in Eile und hatte unzählige diffuse Pläne und Ziele im Kopf. Die Unruhe in mir, wenn ich mich hinsetzte und einfach auf das einließ, was ich gerade tat, war … so schwer greifbar, so seltsam. Dieses Gefühl wirkte bedrohlich, dabei spürte ich das totale Gegenteil, wenn ich es dann doch einmal ausdrücken konnte. Die Angst vor dem Kontrollverlust verwandelte das Gefühl in etwas Unangenehmes. Kann es aber fließen, umfängt es mich und macht mich leicht und glücklich. Die Aufregung, die uns antreibt, ist die Angst vor Zufriedenheit, Geborgenheit – vor Frieden! Wir sorgen uns, dass das ständige Denken aufhört, an das wir uns derart gewöhnt haben, dass es uns ein Gefühl von Sicherheit und *Zuhause* vermittelt. Aber *Angst ist die größte Illusion des Teufels,* heißt es.

Auch die Furcht vor Krisen und vor dem Scheitern
wurde uns von Kind an eingeimpft:
Klettern ist hui, Fallen ist pfui!
Plötzlich gab es gute und schlechte Gefühle,
vor allem gab es richtig und falsch und es gab Fehler.

Womöglich hätten wir uns in dieser Beziehung gegenseitig bis zum Ende aller Zeit halten können, wir waren mehr auf Augenhöhe, als wir ahnten. Aber wir hatten jegliches Vertrauen zerstört, um uns bloß nicht in den Augen des anderen selbst erkennen zu müssen. Wir verloren uns leider gerade deswegen, weil wir Angst hatten, uns zu verlieren. Und das war bitter, denn ganz gleich, was mich im Leben sonst belastete, wenn sie da war und wir einmal nicht stritten, schien auch alles andere gut und irgendwie lösbar. Statt negativer Gefühle und Gedankenspiralen dazu fühlte ich lieber sie und drehte mich um uns.

Schwierige Beziehungen können also letztlich besondere Lerngeschenke sein, wenn wir uns darauf einlassen, uns dann aber auch abgrenzen und den eigenen Anteil suchen. Wenn wir nicht einfach nur den anderen als Schuldigen abstempeln, uns ewig aufregen oder gleich in die nächste Beziehung rennen in der Hoffnung, dass dort alles besser wird.

Wir können nicht immer nur alles halten, anhalten und kontrollieren, sonst geht uns irgendwann die Kraft aus. Genau so ging es mir jetzt – ich hatte überhaupt keine Energie und Zuversicht mehr. Und eine so tiefe Einsamkeit, wie ich sie noch nie gefühlt hatte, machte sich schamlos in meinem Leben breit und legte die Beine auf meinen Tisch. *Na, Janice, nimm dir mal etwas Zeit für mich, wir müssen reden!*

Intensität statt Intimität

Wenn man die Intensität in so einer Beziehung mit Intimität verwechselt, sieht das vielleicht auch nach Liebe aus. Aber in der Regel arbeiten sich da noch zwei aneinander ab – wenn sie sich wehtun, spüren sie sich wenigstens dabei. Und dass der andere sich auch nicht lösen kann, nicht wegkommt, verbindet sie erst recht – Sicherheit ersetzt dann das Vertrauen. *Alles unter Kontrolle!*

Es war ein kosmisches Schauspiel, das ich tatsächlich für den Himmel und die Hölle der Liebe hielt, für eine verrückte Liebe, eine *Amour fou*. Ich war fasziniert und entsetzt zugleich. Ich wollte mehr davon, aber jedes Gramm dieser *Liebe* war eigentlich schon zu viel. Es war schlimmer als Heroin, ich kam einfach nicht auf vernünftige Art und Weise von ihr weg.

Jetzt las ich nicht mehr nur die abenteuerlichen Geschichten wie die über Elizabeth Taylor und Richard Burton, die ich früher meinem Idealbild von der Liebe im Kopf hinzudichtete, nein, jetzt traten meine eigene Erinnerungen an ihre Stelle und gingen mir durch Mark, Bein und Hirn. »*Man kann zwei Dynamitstangen nicht immer wieder gegeneinander schlagen, ohne zu erwarten, dass sie explodieren*«, meinte Burton einmal.

Streit kann klärend wirken, aber anstatt über das Gegenwärtige zu streiten, wird oft die Vergangenheit ausgegraben und am Ende geht es nicht um Fakten oder Meinungen, sondern nur darum, zu verletzen und den anderen etwas spüren zu lassen. Dabei sind es meist die Gemeinsamkeiten, die Menschen dazu bringen, aufeinander loszugehen, gar nicht die Unterschiede. Der Psychoanalytiker Arno Gruen hat es so formuliert:

»Die Gemeinsamkeiten erinnern uns an das Eigene, das uns zum Fremden gemacht wurde und das wir fortan im anderen hassen und bestrafen müssen.«

Wenn Streit destruktiv wird und wehtut, sollten wir uns abgrenzen können. Der Angriff hat nämlich spätestens dann nicht mehr mit mir, sondern mit meinem Partner zu tun. Aber ich verlor ständig den klaren Kopf, wenn es hitzig wurde. Ich hatte einfach keine Erfahrung mit so heftigen Streits, mich überrollte das völlig.

Nein sagen! Ein *Nein, so nicht!* zum anderen und zu weiterem Unfrieden ist in so einer Situation ein klares *Ja!* zu mir. Je schwerer es mir fällt, desto größer die Chance zu heilen, desto größer wird mein echtes Selbstbewusstsein. Gelingt das nicht, werden die Selbstzweifel weiter gespiegelt, dann ist man eben noch nicht so weit und muss sich noch mit ihnen auseinandersetzen.

Man sollte im Streit seinen Standpunkt einmal erklären, aber dann das Spielfeld emotional verlassen. Der andere verdient eine Erklärung und wir können ihm die Hand reichen, aber ihm nicht das Verstehen und die Eigenverantwortung abnehmen. Wir sind auch nicht für sein Leben und die Lösung seiner Probleme verantwortlich. Und wenn wir nicht *Stopp!* sagen und uns abgrenzen, hilft das auch unserem Partner nicht weiter. Meine Partnerin war mein Spiegel und nur sie war mir gewachsen. Zum ersten Mal kannte jemand keinen Respekt im Streit, schlug genau dahin, wo es wirklich wehtat. Dabei hatte ich nichts von dem, was sie da sagte, in meinem Selbsthass nicht schon selbst über mich gedacht.

Man liest oft über die vier Spiegelgesetze in der Kommunikation. Ich fand es früher absurd, so zu denken, aber mehr und mehr reifte die Gewissheit in mir, dass Kommunikation tatsächlich so abläuft, ich konnte es ja an uns ganz konkret beobachten. Ich möchte diese *Gesetze* daher gern an dieser Stelle teilen.

1. Alles, was mich am anderen stört, ärgert, aufregt oder in Wut geraten lässt und ich anders haben will, habe ich selbst in mir. Alles, was ich am anderen kritisiere oder sogar bekämpfe und verändern will, kritisiere, bekämpfe oder unterdrücke ich in Wahrheit in mir und hätte es gern anders.

2. Alles, was der andere an mir kritisiert, bekämpft und verändern will und weswegen ich mich verletzt fühle, betrifft mich – ist in mir noch nicht erlöst. Meine gegenwärtige Persönlichkeit fühlt sich beleidigt, der Egoismus ist noch stark.

3. Wenn der andere mich kritisiert, mir etwas vorwirft oder etwas anders haben will und bekämpft und mich berührt das nicht, ist es sein eigenes Bild, sein eigener Charakter, seine eigene Unzulänglichkeit, die er auf mich projiziert.

4. Alles, was mir am anderen gefällt, was ich an ihm liebe, bin ich selbst, habe ich selbst in mir und liebe ich im anderen. Ich erkenne mich selbst im anderen – in diesen Angelegenheiten sind wir eins.

Die Konsequenz daraus war für mich:

Wenn wir uns selbst kritisieren, dann werden uns auch andere kritisieren.

Wenn wir uns selbst wehtun, werden uns andere verletzen.

Wenn wir unehrlich zu uns sind, werden uns andere belügen.

Wenn wir keine Selbstverantwortung übernehmen, dann werden andere unverantwortlich uns gegenüber agieren.

Wenn wir uns selbst beschuldigen, werden uns andere beschuldigen.

Wenn wir unsere Gefühle missachten, wird auch sonst niemand
auf unsere Gefühle Rücksicht nehmen.
Wenn wir uns aber lieben, können uns auch andere lieben.
Wenn wir uns respektieren, wird man uns respektieren.
Wenn wir uns vertrauen, wird und kann man uns vertrauen.
Wenn wir ehrlich sind, wird man ehrlich zu uns sein.
Wenn wir uns selbst in Ruhe lassen, lassen uns andere Ruhe …

Meine Gedanken drehten sich heiß darum, wie wir die Sprengkraft dieser Beziehung erhalten, jedoch gleichzeitig in die richtige Richtung steuern und ab und zu entschärfen könnten – und dann all das Schöne und Intensive leben, für immer! Es wäre perfekt. Auf Augenhöhe, aber bewusst mit dem Dynamit umgehen. Ich wollte sie, nur sie, für den Rest meines Lebens. Aber ich ging fremd … mit der Hoffnung. Ich liebte die schönen Seiten an ihr, weil sie so viele davon hatte, genau die, die mir zu fehlen schienen. Aber *ich betrog sie* mit der Vorstellung, wie es sein könnte, ohne den ganzen Ärger. Ihre Schatten wollte ich nicht, dafür wollte ich alles andere.

Liebe all-inclusive

Mit meiner Suche nach einer All-inclusive-Liebe scheiterte ich seit Jahrzehnten, egal wie häufig ich von Beziehung zu Beziehung sprang und mein Glück woanders versuchte. Ich wollte: Eros, die leidenschaftliche Liebe; Storge, die freundschaftliche Liebe; Agape, die aufopfernde Liebe; Mania, die obsessive Liebe; Ludus, die spielerische Liebe; dazu ein kleines bisschen Pragma, die ganz pragmatische Liebe – und zwar in einer einzigen Beziehung.[9]

Meine ideale 100-Prozent-Liebe bestand aus 900 Prozent Eros & Leidenschaft, 900 Prozent Storge & Freundschaft, 37 Prozent Agape & Aufopferung, 666 Prozent Mania & Obsession, 400 Prozent Ludus & Spiel, 7 Prozent Pragma & Pragmatismus. So hatte ich es einmal selbstironisch in mein Notizbuch geschrieben.

Natürlich gehörte dazu auch noch ein schöner, hochintelligenter und hochsensitiver Mensch an meiner Seite. *Schön* war mir früher dabei besonders wichtig – gern makellos, wie in den Werbeanzeigen der Hochglanzmagazine … wenn ich mir schon selber nicht gefiel als menschliches Suchbild der Imperfektionen.

Die Prozentzahlen auf meinem Notizzettel verblüffen mich jetzt aber doch. Nicht nur, weil sie in der Summe *2807* Prozent ergeben, ich also wie immer viel zu viel erwartete und mich doch nur verrechnete – sondern auch, weil die Gewichtung der Zahlen eigentlich dem entsprach, wie ich selbst *liebte*. Die Zahlen entsprachen meiner *Beziehung* und meinem *Verhältnis* etwa zum Schreiben oder zu Dingen, denen ich mich hingeben konnte. All das Potenzial schlummerte in mir, vor allem die Leidenschaft und die Obsession. Nur bekam ich es eben nicht überall und in allen Bereichen gleichzeitig hin, in zwischenmenschlichen Beziehungen am wenigsten. Mit so viel Leidenschaft (Eros) und Obsession (Mania) konnte ich ganze Bücher schreiben, in der Partnerschaft mit einem Menschen allerdings reichte es meist nur für eine leidenschaftliche Einleitung und ein liebevolles Nachwort.

Was ich in einer Beziehung suchte, schien ich selbst zu sein, in meiner Fülle und ohne meine Blockaden und Unsicherheiten.

Aber nur wir selbst können unsere Wunden heilen und gegen Ängste und Selbstzweifel ins Feld ziehen, das kann uns keiner abnehmen. Manchmal schaffen es Partner leider nicht, uns mehr Selbstvertrauen zu geben. Jeden Tag aufs Neue Liebesbezeugungen zu hören hilft wenig. Spätestens wenn wir es dem Partner nicht mehr glauben, suchen wir uns einen anderen und beginnen das Spiel von vorn.

Heilen die Verletzungen nicht ab, werden sie in jeder neuen Beziehung wieder zur Belastung. Entweder wir gehen dann dem Schmerz aus dem Weg und vermeiden die wunden Punkte, kommen uns gegenseitig nicht zu nah – oder wir geraten in tiefere, aber turbulentere Partnerschaften, in denen die Wunden eben wieder und wieder aufgerissen werden.

Je länger wir in unseren seelischen Wunden *stochern*, mit den stets gleichen Gedanken und Handlungsmustern, je länger wir damit der Heilung im Weg stehen, umso schlechter vernarben sie. Sie verschorfen meist nur. Meine Mutter sagte immer: »*Na, tat wohl nicht weh genug beim letzten Mal, was?*« Und gerade hier liegt die Chance in einer Beziehung, in der man sich öffnet – es tut irgendwann vielleicht endlich weh genug. Und dann sind wir gezwungen, genauer hinzuschauen und eine neue Strategie zu finden, um damit umzugehen. Die Autorin und Meditationslehrerin Safi Nidiaye schrieb dazu:

»*Solange Sie von einem Gefühl beherrscht werden, ohne es zu wissen, strahlen Sie dieses Gefühl unbewusst aus und andere Menschen reagieren darauf.*«

Kein Wunder also, dass wir immer wieder mit den gleichen Lektionen konfrontiert werden, solange wir die Prüfung noch nicht bestanden haben und geheilt und frei sind. Umso bedeutsamer ist es, dass wir bei uns selbst ankommen und uns unsere Schatten bewusst machen.

Die Liebe der anderen

Meine explosive Beziehung, die eigentlich aus Dutzenden Trennungen und Versöhnungen bestand, scheiterte nach fast einem Jahr endgültig – wir rissen uns mit aller Gewalt auseinander und in meinem Leben stand keine Wand mehr gerade, an die ich mich noch hätte anlehnen können. Ich war innerlich zerfetzt, vermisste schmerzlich angenehme Teile von mir selbst und entdeckte Verhaltensweisen und Seiten in mir, die ich vorher gar nicht gekannt, wohl aber bei ihr kennengelernt hatte. Wir waren wie zwei dieser Galaxien gewesen, die sich vereint, aber dann wieder auseinandergerissen hatten. Ich musste mich neu finden und war absolut orientierungslos.

Aus meiner Nahezu-Erleuchtung vor der Begegnung war völlige Dunkelheit geworden. Ich fühlte mich am Boden zerstört, gekränkt, wütend, im Stolz verletzt. So war es mir noch nie nach einer Beziehung ergangen. So ging es bisher höchstens meinen Partnern oder Partnerinnen. Zum ersten Mal im Leben war ich selbst zutiefst einsam und ich fand weder Ausweg noch Ablenkung, um dieser Einsamkeit zu entrinnen. Sie begleitete mich wie ein Schatten, durch jedes Zimmer, jede Straße bis ins Bett hinein und verdunkelte alles um mich herum. Da halfen keine Affären mehr, kein Internet, kein Schlaf. Ich fühlte mich hilflos und bedürftig, eine komplett neue Erfahrung. Ich sehnte mich so sehr nach Halt, *ich,* dieses Superego, das eigentlich niemanden brauchte im Leben, aber dennoch in widersprüchlicher Weise ständig auf der Suche nach jemandem war.

Auch viele der Ängste, die ich eigentlich überwunden meinte, kehrten in dieser Phase zurück – wie etwa Existenz- und Versagensängste. Ich dachte ernsthaft daran, meinen Rucksack zu packen und für immer zu verschwinden oder wenigstens umzuziehen. Irgendwo in ein Kloster oder besser noch in eine Höhle fernab der Menschen – oder eben wieder allein auf den Ozean, diesmal vielleicht in einem Segelboot. Ich fühlte mich leer im Herzen und voller schrecklicher Gedanken. Alles schien so sinnlos wieder, so schwer, so zermürbend, als wäre ich fünf Lebensjahre zurückgeschleudert worden und hätte mir nur die ganze Zeit etwas vorgemacht von mehr Freiheit und Mut.

Doch ich blieb in Heidelberg. Ehrlich gesagt, bezweifelte ich auch, dass ein Mönchs- oder Nonnenkloster eine wie mich aufgenommen hätte. Ich las in der Zeit ein Buch über eine buddhistische Nonne in einem tibetischen Kloster.[10] Die Vorstellung von einem Nonnenleben sprach mich an und ihre Lebensfragen waren meinen so ähnlich – auch sie war von der Liebe weggelaufen. Doch dann kam die Stelle, als ihr der Lama und Leiter des Klosters die Haare abrasierte, und sofort dachte ich an meine große Operationsnarbe am Kopf, die dann jeder sehen könnte. Alles hatte einen Haken und bedeutete einfach nur andere Probleme.

Ich hatte keine andere Wahl, als hierzubleiben und auch diese Krise auszusitzen. Ich war viel zu erschöpft für jede Veränderung im Außen, hatte mich mit meinem Ego und all seinen Plänen komplett aufgerieben und eigentlich nur wieder wie früher gegen mich selbst und gegen meine Schatten gekämpft. Und meine Partnerin gegen ihre.

Manchmal fliegen Vögel gegen Fensterscheiben, in denen sich Bäume und Sträucher spiegeln, und dann sitzen sie total erschöpft am Boden, zu schwach und zu irritiert, um weiterzufliegen … Genau so fühlte ich mich nach dieser Beziehung: wie gegen eine Scheibe geknallt, in der sich die Liebe zu spiegeln schien. Da lag ich nun und konnte nicht einmal mehr wie sonst in andere Beziehungen und Abenteuer flüchten, um mich zu zerstreuen und vor dem davonzulaufen, was in mir brodelte und hochkochte.

»Verletzlichkeit ist der Geburtsort von Innovation,
Kreativität und Veränderung«,
las ich auf einem Zettel an einer Ampel.
Und Unverwundbarkeit bedeutet dann also
Stillstand und Langeweile.

Ich war verbittert und orientierungslos und konnte nicht mehr unterscheiden zwischen richtig und falsch. Wenn man aber mit einem alten Verhaltensmuster nicht mehr weiterkommt und immer wieder damit gegen Wände oder Spiegel kracht, dann liegt in dieser Krise auch die Chance, endgültig zu begreifen, dass es so nicht mehr funktioniert. Dann haben wir die Wahl: Entweder geben wir alte Überzeugungen auf und suchen einen anderen Weg oder wir geben uns selbst auf. Ich musste wieder daran denken, wie ich vor bald zwanzig Jahren unter der Brücke bei der Blindschleiche stand. Auch damals hatte ich die Wahl: aufgeben oder diesen Schritt endlich wagen – das alte Leben aufgeben, damit ich ein zukünftiges haben kann. Ohne die Verzweiflung hätte ich diesen neuen Lebensweg niemals angetreten, mir hätte der Mut gefehlt.

Alles, was uns vom wahren freien Willen und von der Freiheit im Denken trennt, sind unsere Zweifel und Ängste, komplett anders entscheiden zu können als bisher: *anders zu denken, zu fühlen – anders zu sein.* Jeder ist auf seine Weise anders und besonders. Aber oft entscheiden wir nicht frei, sondern folgen unbewusst den Mustern und Idealen anderer Menschen, die uns beeinflusst, geprägt und konditioniert haben. Wir werden also nicht frei geboren, sondern müssen uns erst befreien und unsere wahre Identität und Individualität finden. Am Ende ist das eigene Leben die Summe (selbst-)bewusster Entscheidungen, es ist die Erfahrung des eigenen Mutes und damit: die Erfahrung unserer wahren Größe. Ein freier Mensch ist nicht auf Bestätigung, Sicherheit und Garantien angewiesen, um zu fühlen. Er liebt auch nicht nur, wenn er sich sicher sein kann, dass er zurückgeliebt wird. Er tastet sich nicht vorsichtig in seine Gefühle hinein, sondern fühlt einfach, was gefühlt werden will, und erfährt, was erfahren werden will.

Wir sind hier, um zu fühlen und zu entdecken,
um uns bewusst auf das Leben einzulassen
und darin dieses größte Wunder zu erfahren,
das irgendjemand Liebe genannt hat.

Jede Beziehung kann uns helfen, zu dem Menschen heranzuwachsen, dem wir gern begegnen würden und der ein Leben lebt, das ihn erfüllt. Und das gilt für Beziehungen zu allen Menschen in unserem Leben: Partner, Freunde, Familie, Kollegen. Wenn wir auf diesem Weg weitergehen, im Miteinander die Selbstverantwortung entdecken, uns unsere alten Verhaltensmuster bewusst machen und lernen, uns abzugrenzen, dann ist auch eine erwachsene und reife Liebe möglich, eine Liebe, in der man bleibt, weil man möchte, aber nicht, weil man nicht mehr wegkommt und sich darin selbst verliert.

Niemand ist perfekt, es wäre vermessen anzunehmen, dass wir alle unsere Zweifel und Ängste in diesem Leben überwinden können. Ganz gleich ob über den Weg der Liebe und Partnerschaft oder über den Weg der Askese und Einsamkeit. Ich fürchte, wir werden alle keine Buddhas in diesem Leben. Aber freier und mehr Mensch zu werden, das kann uns immer gelingen.

Ich nahm früher irrtümlicherweise an, dass der richtige Partner, mein sogenannter Seelen- oder Lebenspartner, immer perfekt mit mir harmonieren würde und irgendwo da draußen schon auf mich wartete. Heute aber weiß ich, dass es diesen Menschen nicht geben kann, bevor wir nicht selbst dazu gewachsen sind. Solange wir noch nicht ganz bei uns selbst angekommen sind, ist jeder Lebensabschnittsgefährte bestenfalls ein Seelenpartner auf Zeit, der uns dabei helfen kann, dieser Mensch zu werden. Zu so einer *Seelenpartnerschaft* gehören folglich nicht nur Harmonie und Himmel, sondern auch Krisen und die Enttäuschung falscher Vorstellungen – sie sind immer eine Einladung, persönlich zu wachsen und darin seine wahre Größe zu entdecken. Und heißt es nicht, dass wir vor nichts mehr Angst hätten als vor unserer wahren Größe? Wir wachsen am meisten, wenn wir wirklich bei uns sind und uns mit unseren Schatten und Fesseln auseinandersetzen. Aber wer tut das schon freiwillig, wer schaut schon gern in die dunklen Keller?

Ein Partner, den wir nah an uns heranlassen, kann uns als Spiegel dienen, der uns zeigt, was uns noch davon abhält, mutiger, wahrhaftiger und freier von Angst vor Schmerz und Enttäuschung zu fühlen, zu leben und zu lieben. Ein Seelenpartner stellt immer eine Bedrohung für unser kontrollsüchtiges Ego dar, das leider selbst oft ein außer Kontrolle geratenes Kontrollprogramm geworden ist und das dem Kontakt mit unserer leuchtenden Seele und unseren Gefühlen entgegensteht.

Es heißt, dass man im Leben nur dreimal wirklich liebt. Die erste Beziehung ist demnach eine idealisierte, romantische, in der wir das suchen, was wir für die Liebe halten und was uns davon erzählt wurde und was wir aus den märchenhaften Erzählungen verinnerlicht haben – die Liebe der anderen also. Die erste Liebe ist meist die große Jugendliebe, der erste Prinz, die erste Prinzessin.

Die zweite Liebe ist oft eine stürmische, turbulente und chaotische Liebe, in der die idealisierten Vorstellungen aufgesprengt werden und das Märchen an der Wirklichkeit zerbrechen muss. Dann erst sind wir bereit, die dritte, die wahre Liebe zu finden, die uns frei macht, heißt es.

Wir können durchaus in einer dieser Phasen hängen bleiben und müssen uns dann wieder und wieder an verschiedenen Menschen abarbeiten, bevor wir eine Stufe höher steigen können. Womöglich sind einige Menschen noch als Rentner in ihrem Märchen gefangen und nie aus dem Dornröschenschlaf erwacht.

Ich erwähne das gerade deshalb, weil ich persönlich davon überzeugt bin, dass wir uns auch selbst dreimal im Leben auf ähnliche Weise begegnen … und erst im dritten Anlauf die wahre Liebe in uns entdecken. Zunächst idealisieren wir uns vielleicht zum Superhelden oder zur Prinzessin, dann wird die Realität zum Prüfstein und wir hadern und ringen mit uns … um am Ende dann herauszufinden, wer wir wirklich sind.

Wenn die Seele müde ist

Ich war erschöpft – seelisch, geistig, körperlich. Mit meiner Partnerin waren meine Hoffnungen gegangen und jetzt gingen mir von dem ganzen Stress die Haare büschelweise aus. Die Gelenke schmerzten, Verletzungen heilten schlecht ab. Ich war nur noch *eine einzige Erkältung,* wochenlang Husten, Nase zu, Halsschmerzen, Stimme weg. Ich fühlte mich um Jahre gealtert und im Spiegel sah ich nichts als meinen manifestierten Hass. Die Haut wirkte immer wie irgendetwas zwischen Rot und fast Grau. Mehr als zehn Kilogramm nahm ich zu. E-Mails und Anrufe blieben unbeantwortet, mir war alles egal geworden. Ich hielt das aus, diesmal keine Drogen, keine Pillen. Ich versuchte, wenigstens nicht den ganzen Tag zu verschlafen, um doch nur müde zu bleiben. Aller Schlaf der Welt bringt eben nichts, wenn die Seele müde ist.

Ich war umgeben von Menschen, stets mittendrin. Immer mit anderen zusammen, konnte mich aber nie wirklich verbinden.

Meine Seele war einsam.

Ich war eine einsame Seele.

Nicht einmal mehr jemanden halten konnte ich in den letzten Monaten. Ich hätte *sie* so gern länger und fester in meinen Armen gehalten. Wir waren so festhaltekompatibel – alles passte, als wären wir einmal ein Kugelmensch gewesen, der zerteilt wurde. Wenn sich unsere Finger ineinander verhakten, waren sie wie aus einem Guss – meine Wange lag an ihrem Hals wie in einer Wiege. Aber brauchen wir als Erwachsene andere Menschen wirklich, um uns ganz zu fühlen? Wenn wir uns selbst vervollständigt haben und eine gute Beziehung mit uns führen, können wir uns mit anderen verbinden, nicht weil wir sie brauchen, sondern *wollen.*

Die wichtigste Liebesbeziehung, für die ich mich daher zuerst einmal stark mache, ist die Beziehung zwischen den eigenen Gedanken und Gefühlen – zwischen Kopf und Herz –, denn das ist die längste und einflussreichste Beziehung in unserem Leben. Andere Menschen begegnen und verlassen uns früher oder später, aber wir selbst machen die ganze Reise, wir sollten unser Seelenmensch sein. Und dementsprechend sollten sich unsere Gefühle und Gedanken auch ebenbürtig sein. Tatsächlich ist es aber oft so, dass Kopf und Herz nicht einmal mehr die gleiche Sprache sprechen. Die Gedanken verstehen die Gefühle nicht und das Herz will einfach nicht so recht fühlen, was der Kopf sich gerne vorstellt. Eine innere Zerrissenheit zwischen Vernunft und Hoffnungen, in der wir völlig die Orientierung verlieren können. Letztlich aber kommen Herz und Kopf nur beide zusammen an, in der Liebe und im Leben.

Wenn es heißt, dass die Reise vom Kopf zurück ins Herz die beschwerlichste Reise im Leben sei, ist damit nicht gemeint, dass wir uns auf einer Einbahnstraße in Richtung Herz bewegen sollten. Ich glaube, wir reisen am besten auf einer Straße mit regem Verkehr in beide Richtungen – da, wo das Herz hinwill, sollte auch der Kopf hinwollen, und umgekehrt. Die Reise vom Kopf ins Herz bedeutet nicht, dass wir den Kopf dabei verlieren oder zurücklassen müssen. Egal wohin wir gehen, beide gehören zusammen. Einer lenkt, der andere nimmt auf dem Beifahrersitz Platz und schaut ab und zu in die Karte. Kopf und Herz in einem Cabrio, auf dem Weg zum Horizont. Im Radio läuft Joris mit »Herz über Kopf« und beide lachen.

Die Sonne geht unter, der Fahrtwind kühlt – das Herz fühlt, der Kopf weiß spannende Geschichten zu erzählen. Und dann … wow! Das Herz will einen Gang hochschalten, der Kopf die Musik wechseln, da berühren sie sich aus Versehen. Das Herz berührt den Kopf und der Kopf berührt das Herz. Ein schüchternes Lächeln und dann ein herzhaftes Lachen! Und wenn sie nicht gestorben sind, dann reisen sie noch heute gemeinsam.

> *Als ich begann, mich selbst zu lieben,*
> *habe ich verstanden, dass ich mich jederzeit*
> *am richtigen Ort befinde*
> *und dass alles, so wie es geschieht, richtig ist –*
> *und da wurde ich gelassener.*
> *Heute verstehe ich, dass man das Vertrauen nennt.*
>
> *Als ich begann, mich selbst zu lieben,*
> *erkannte ich, dass emotionaler Schmerz und Leid*
> *nur Warnungen sind, dass ich gegen meine eigene Wahrheit lebe.*
> *Heute weiß ich, dass man das Authentischsein nennt.*
>
> *Als ich begann, mich selbst zu lieben,*
> *habe ich erkannt, dass mich mein Denken*
> *armselig und krank machen kann.*
> *Als ich jedoch die Kräfte meines Herzen hinzuzog,*
> *bekam der Verstand einen wichtigen Partner.*
> *Heute nenne ich diese Verbindung Herzensweisheit.*

Diese Strophen stammen aus einem Gedicht, das Charlie Chaplin zu seinem siebzigsten Geburtstag vortrug. Ich las sie während meiner Ozeantour 2012 und sie bewegten mich zu einem Eintrag in meinem Tagebuch, hier ein Auszug:

Ist nett gemeint, lieber Kopf! Du, vielleicht steckten wir beide, du und ich, Herz und Kopf, noch früher in schmerzhaften Situationen fest und wurden wieder und wieder verletzt. Allein die Schule, weißt du noch? Und was die uns alles eingeredet haben! Klar, hast einen Kinderpanzer mit Kanone damals aus uns gemacht, willst aufpassen und dich wehren, dass das ja nie wieder geschieht. Aber die Umstände sind heute andere, nicht wahr? Und die Schule kann uns mal, weißt du noch, wie wir damals dort rausgeflogen sind, das war Teamwork!

Die Bedrohungen sind eigentlich weg und du hättest so viele andere Möglichkeiten heute, um damit umzugehen, hörst du! Du bist gar kein Kind mehr, du bist erwachsen geworden! Du brauchst keinen Panzer, du brauchst nicht stärker sein oder besser – du brauchst dir keine Urkunden, (Bank-)Noten oder Blechpokale mehr zu verdienen. Es ist okay so, wie du bist!

So viele Bedrohungen sind nicht mehr da! Und du bist viel größer, wehrhafter und klüger geworden!

Es sei denn ... du suchst diese Bedrohungen wieder und wieder, versuchst sie mit den alten Mitteln zu lösen, weil du noch festhängst in deiner alten Welt. Ist es nicht so? War es nicht so? Kannst nicht loslassen, oder? Weil so ein starkes Gefühl dabei war damals, weil es sich so eingebrannt hat!

Ich will nur anderes fühlen jetzt, sonst nichts, hörst du, und da ist so viel mehr zu fühlen, glaub mir! Lass uns das fühlen, was jetzt ist! Okay? Nicht das, was mal war ... und wieder war, und wieder war. Ich bin müde, Kopf, fahre doch den Panzer bitte langsam rechts aus dem Kreisverkehr, der sowieso immer enger wird! Rechts, schaffst du das noch? Bitte nicht links! Danke, habe dich lieb! Wir schaffen das!

Ja, das macht schon irgendwie Sinn, dachte sich der Kopf.

Nein, nichts im Außen und niemand kann uns erfüllen. Menschen können uns ergänzen und vielleicht erweitern. Aber Fülle finden wir nur in uns selbst. So spirituell es auch klingen mag: Das ist genau das, was uns Mystiker seit Tausenden von Jahren erzählen. Die Fülle ist erreicht, wenn wir alle unsere eigenen Anteile akzeptieren, sie nicht im anderen idealisieren oder entwerten. Einsamkeit ist eine Illusion, ihr wohnt nichts Schreckliches inne, auch das sagen die Mystiker. Nur wer die Illusion der Einsamkeit entzaubert hat, wer niemanden mehr braucht, kann andere ganz in sein Leben lassen, sie so annehmen, wie sie sind, als Freunde, Partner, Begegnungen oder Weggefährten, ohne sich in seinen Gefühlen bremsen zu lassen durch die Angst, sie zu verlieren oder nicht zu genügen. Erst wer sich selbst gefunden hat, ist frei in der Liebe.

Ich begreife heute jede Begegnung in meinem Leben tatsächlich als eine Chance, mir auch selbst zu begegnen, und es ist immer ein Wachsen hin zu etwas noch Wahrhaftigerem, wenn ich auch eine schwere Lektion annehme und die Prüfung bestehe.

Letztlich bestätigte mir diese herausfordernde Partnerschaft gerade wieder, dass wir vor Lektionen, die wir lernen müssen, ohnehin nicht weglaufen können. Sie holen uns alle ein. Wenn nicht in dieser Beziehung oder Situation, dann in der nächsten. Die Prüfungen kommen aus allen Richtungen, durch alle Türen – klar können wir versuchen, wie mit dem Tennisschläger jede unbequeme Wahrheit wegzuschlagen, die uns zu fordernd und bedrohlich erscheint. Aber irgendwann sind wir einen Moment lang schwach oder unachtsam oder blind vor Hoffnung, dann passiert es, dann fallen wir der nächsten Lektion zum *Opfer*. Dann hat sie uns, die Realität. Sie wartet immer da, wo wir jetzt gerade stehen.

Wer hoch hinauswill, muss auch tief hinunter!
Und so schlimm ist es da unten gar nicht,
wenn man sich dafür entscheidet, bewusst
tauchen zu gehen.

Wir müssen nicht alles sofort lernen, wir haben ja einen mehr oder weniger freien Willen. Wir können uns weiterhin in Hamsterrädern drehen, nichts dazulernen und über die Ungerechtigkeit klagen, dass wir stets mit dem gleichen *Dilemma* konfrontiert werden oder aus dem alten *Dilemma* einfach nicht herauskommen. Nur können wir eben nicht immer mit alten Überzeugungen das stets Gleiche wiederholen oder gar nichts in Angriff nehmen und abwarten, aber dennoch darauf hoffen, dass sich alles ändert. Meine beste Freundin sagte früher oft zu mir, wenn ich wieder eine Runde im Karussell der Liebe drehte: »*Ich bin überzeugt, dass du in deinem vorherigen Leben eine Kuh warst, Jeanne: wiedergekäut, wiedergekäut, wiedergekäut. Und am Ende kommt doch wieder nur Scheiße raus.*« Und sie sagte noch etwas: »*Wer andere Erfahrungen sammeln will, muss sich auch auf andere Erfahrungen einlassen!*« Im Speziellen meinte sie damit, dass ich stets alles wegschob, was nicht meinen Vorstellungen entsprach, mir aber offensichtlich guttat. Ich schob mich selbst und meine Bedürfnisse weg damit.

Verhaltensweisen, die fest eingefahren sind, weil sie sich besonders lange schon fürs Überleben bewährt haben, die ändern wir nicht einfach so und per Eilbeschluss. Wir würden gern, aber wir können nicht! Leider müssen wir dann manchmal richtig gegen die Wand fahren, um zu begreifen, dass diese Strategien fürs Überleben jetzt nicht mehr taugen, geschweige denn für ein glückliches Leben. Wir können viel wissen und verstehen, aber das allein ändert wenig. Nur neue Erfahrungen, die uns mit emotionaler Wucht in Mark und Bein *erschüttern, im Negativen wie im Positiven,* die wir zulassen, auf die wir uns einlassen, geben überhaupt erst den Anlass dazu, auch alte Überzeugungen zu hinterfragen, die wir als unantastbar verinnerlicht haben.

Die Angst vor Krisen und vor dem Versagen, davor, etwas einfach nicht zu schaffen, macht die alten Muster stärker – vor allem, was wir unterdrücken, bekommen wir nur noch mehr Angst und im Dampfkessel steigt der Druck. Bevor es dann knallt, versuchen wir es vielleicht noch mit Tabletten, Alkohol, Ratgebern, die das Unvermeidliche hinauszögern und uns hoffen lassen, mit zwei Mal fünf Minuten Yoga pro Tag und kleinen Haftzetteln am Spiegel das Leben verändern zu können. Bei mir hat es nicht funktioniert, jedenfalls nicht bei echten Lebensthemen. Nur weil an meinem Spiegel stand: »Du bist schön!« oder »Das Leben ist schön!«, änderte sich nicht meine Einstellung zum Leben und zu mir selbst. Und jetzt kam eben noch dieses widerliche Gefühl von Einsamkeit dazu.

Zeit für einen Krisenurlaub

Was war eigentlich objektiv betrachtet so schlimm an diesen Gefühlen, am Trennungsschmerz, an der Sehnsucht und an dieser Wut, außer, dass sie eben schlimm waren? Die Gefühle selber taten doch gar nichts. Sie wollten nur raus, wie eine Katze, die auf der Fensterbank sitzt. Einfach mal das Fenster aufmachen. Austoben lassen. Spätestens wenn sie Hunger hat, kommt sie wieder nach Hause und beruhigt sich.

Ich konnte mich nicht lieben und ich war einsam – ich bekam es nicht hin mit der Liebe und Selbstliebe, trotz allem, was ich in der Theorie darüber wusste.

Mein Leben lang wollte ich alles richtig machen, meinen Frieden finden, glücklich sein. Die ersten zwanzig Jahre hatte ich irgendwie überstanden, dann endlich meinen eigenen Weg gewagt, aber noch mal zwanzig Jahre später stand ich am gleichen Punkt wie damals unter der Brücke. Alles hatte sich an den äußeren Umständen verändert, aber der innere Unfrieden war der gleiche.

War alles wirklich so schlimm?

Nein, es war nicht alles so hoffnungslos, wie es sich anfühlte. Ich konnte die Wirklichkeit nur nicht mehr erkennen.

Leider wird es immer erst einmal schlimmer, bevor es besser werden kann. Wer gesunden will, muss die *Krankheit* einsehen. Und

146

hier lasse ich mich zu einem Vergleich mit körperlichen Entgiftungsprozessen hinreißen: Ist unser Körper voller Schlacken, werden diese dort eingelagert, wo sie am wenigsten Schaden anrichten – im Fett oder zum Beispiel im Bindegewebe. Möchte man den Körper jetzt entgiften, indem man fastet oder Wirkstoffe zuführt, die diese Schlacken aus dem Gewebe lösen und dabei helfen, sie auszuscheiden, werden sie zunächst wieder in den Blutkreislauf geschwemmt, belasten den Körper dann schlimmstenfalls akut mehr als chronisch über den langen Zeitraum, in dem die Gifte eingelagert wurden. Der Stoffwechsel ist erst einmal überlastet, die Entgiftungsorgane, Leber, Niere, die Haut, arbeiten auf Hochtouren. Man bezeichnet das in der alternativen Medizin auch als Erstverschlimmerung. In seiner extremen Ausprägung kommt es zur sogenannten Jarisch-Herxheimer-Reaktion, die auch bei einer Antibiotikatherapie auftreten kann, da beim Absterben von Bakterien ebenfalls Toxine in hoher Menge freigesetzt werden. Dann gilt es, den Körper bei der Entgiftung und Ausleitung zu unterstützen, etwa durch Schonung, reichliches Trinken und so weiter. Besser geht es uns erst, wenn die Giftstoffe den Körper verlassen haben.

Entschlacken wir das Unterbewusstsein von seelischen Belastungen und krank machenden Verhaltensmustern, stelle ich mir das ähnlich vor. Was an *toxischen Erfahrungen* im Hinterkopf eingelagert und weggeschlossen wurde, wird durch Krisen und Bewusstmachung wieder ins Bewusstsein geholt, und der Kopf und auch der Körper werden damit psychisch und somatisch akut belastet. Wie die Giftstoffe, die aus dem Speichergewebe wieder ins Blut geschwemmt werden, so kommt das Unbewusste jetzt zurück ins Bewusstsein. *Alles kommt hoch!* Die seelische Erstverschlimmerung, der große Knall, die Krise. Jetzt können wir durch diesen Prozess gehen, auf uns achten und etwas abwarten, bis Unnützes aufgelöst beziehungsweise neu einsortiert wurde, und erst dann geschieht Heilung. Oder wir greifen eben zu Antidepressiva, Beruhigungsmitteln oder versuchen, uns abzulenken und zu zerstreuen, um alles wieder ins Unbewusste zurückzudrängen. Nur so ist keine Heilung möglich, dann wirkt das Verdrängte weiter im Verborgenen. So können wir in der Zukunft aber weder bewusster noch freier entscheiden und leben.

Was uns bedrückt und unfrei macht, ist immer da. Ob unbewusst oder bewusst. Vor der Wahrheit in uns können wir nicht weglaufen.

Wir haben die Wahl:
Entweder geben wir alte Überzeugungen auf
und suchen einen anderen Weg
oder wir geben uns selbst auf.

Eine akute Krise ist nur ein Indikator, ein direkter Anzeiger für etwas, was unbewusst schon die ganze Zeit in uns wirkt. Aber zwischen dem Bewusstsein und dem Unbewussten sitzt oft ein Filter … Angst! Den müsste man öffnen, sich den Ängsten stellen und die Verzweiflung und Enttäuschung zulassen, vor denen man sich fürchtet.

Aber natürlich ist es schwierig, sich den nötigen *Raum* für Krisen zu schaffen, wenn man sieben Tage die Woche, 365 Tage im Jahr funktionieren *muss*. Ich nahm mir den Raum für die Krise nach der Trennung, einzig das Gewissen meldete sich immer wieder, wenn ich tagelang nicht vor der Tür war. Ja, das Gewissen, das hilft dann natürlich super, danach fühlen wir uns nur noch schlechter oder quälen uns doch raus und staunen, dass es uns an der frischen Luft besser geht, für eine Weile jedenfalls. Aber ich wollte mich doch drinnen und in mir selbst endlich *gesundkrisen!*

Sich Räume schaffen, nicht um zu kuren, sondern um einmal zu krisen, das wäre wichtig. Aber wer fährt schon gern in die *Krisen-ferien*? Wer fragt schon beim Chef nach, ob er sich frei nehmen kann, um es sich richtig schlecht gehen zu lassen und alles mal zu fühlen, was sonst weggelächelt wird? Das würde womöglich nicht einmal genehmigt, weil der Arbeitnehmer sich an seinen gesetzlich verbrieften Urlaubstagen im Jahr zu erholen hat, damit er danach wieder anpacken kann.

Warum fährt man nicht mal in die Berge, um sich den ganzen Mist, der sich angestaut hat, gegenseitig ins Gesicht zu schreien? Damit es mal rauskann. Reizt uns nicht auch die Vorstellung, allein auf dem Meer oder auf einem hohen Gipfel zu sitzen und einfach mal zu schreien?

Ich habe das gemacht, jeden Tag, auf dem Ozean.

Es bringt leider erst einmal gar nicht viel. Dazu reicht kein Wochenende. Das innere Ventil geht erst nach einer Weile auf und dann geht es eine Weile lang auch nicht mehr zu. Die Wut zuzulassen und dann rauszulassen ist nur der Anfang, das, was dahinter dann wartet, sind die Angst und die Verzweiflung – hier beginnt erst die Arbeit. Und hier kommen noch mehr Wut und Tränen, bis man kaum mehr atmen kann. Ich war voll mit Schmerz und Wut.

Einfach mal schreien und alles rauslassen. Aber wer traut sich das schon, und dann regelmäßig? Uns könnte ja jemand hören und wie peinlich das wäre. Am Ende ruft noch jemand die Polizei.

Da steckte ich also in meinem *Krisenurlaub* und stellte mich der Einsamkeit und der Verbitterung. Ich hörte mal wieder auf zu funktionieren – mich mögen zu wollen, jemanden finden zu wollen. Ich sperrte mich für ein paar Wochen ein und ließ den ganzen Frust, den Schmerz, die Angst und vor allem die Erschöpfung zu. Ich hatte alles einfach nur satt. Meist macht die Angst vor dem Scheitern in uns einen großartigen Job und wimmelt uns ab und von ihr weg. Wenn wir so naiv sind, gegen sie zu kämpfen oder sie gar zu unterdrücken, wird sie nur noch stärker und eindrucksvoller, als sie vorher war. Wir müssen an ihr vorbei, irgendwann. Und das geht eigentlich nur, indem wir sie wahrnehmen, respektieren, gründlich hinterfragen. Aber wir müssen auch durch sie hindurchschreiten, wenn es keine wahrhaftigen Gründe für sie gibt, sondern nur Ausreden. Keine Angst vor der Angst, bloß keine Panik!

»Ja, ich bin einsam und werde bestimmt nie jemanden finden! Und verdammt: Ja! Ich hasse mich und werde es nicht schaffen, mich je ganz zu akzeptieren – und mit jedem weiteren Lebensjahr wird es mir noch weniger gelingen. Alles sinnlos!«

Ich ließ alles zu und alles raus. *Dann ist es eben so!*

Im Kerker der Angst

Die Einsamkeit und der Selbsthass gehen natürlich Hand in Hand. Ich wollte anderen gefallen, damit sie mich mögen – und mochten sie mich dann, stieß ich sie weg, ließ sie nicht zu nah an mich ran und gefiel mir wieder selbst nicht. Das Gefühl von Einsamkeit trieb mich auf der einen Seite in die Arme anderer Menschen, die Angst vor ihr und vor Ablehnung trieb mich von ihnen weg und zurück in meine Gedankenschleifen.

Während ich dies schreibe, läuft draußen am Fenster eine Ameise hoch. Eine Invasion im Garten – Ameisenarmeen, die mein Apartment überrennen wollen. Drei Jahre lang schon tobt dieser Krieg, den ich einfach nicht gewinnen kann. Wofür steht das? Sollte ich endlich strukturierter und fleißiger arbeiten, so wie die Ameisen vielleicht? Nicht immer alles auf den letzten Drücker erledigen? Das würde schon Sinn ergeben.

Aber auch eine andere Idee kommt mir dazu: Meine Gedanken selbst sind wie Ameisen. Sie krabbeln herum, in alle Ecken und Winkel, in jedes dunkle Loch hinein, unablässig auf der Suche nach Nahrung, um ihre Wahrheit, der sie entsprungen sind, immer weiter zu bestätigen. Die Königin und Mutter aller Gedanken ist mein Selbst- und Weltbild – mein Paradigma.

Wir können Ameisengedanken mit süßen Versprechungen von

anderen Erkenntnissen anlocken, aber sie werden alles Futter in ihren Bau schleppen und weiter die alte Wahrheit damit nähren und vermehren. Ameisengedanken, die uns gefährlich werden, weil sie Lügen sind, die wir aber für Wahrheiten halten, die sollten wir ködern und dann vergiften. Das geht am effektivsten mit Enttäuschungen, denn gegen alles andere werden Ameisengedanken schnell immun. Dazu müssen wir sie in die Wirklichkeit hinauslocken, hinein in neue und andere Erfahrungen, hinein ins Überraschende und Unvorstellbare. Gegen die Wirklichkeit ist kein Kraut gewachsen.

Würde Wissen allein den Anstoß zu Veränderung liefern, würden wir alle nicht mehr rauchen, nicht mehr lügen, uns nicht mehr so viel um morgen sorgen und stattdessen achtsamer und bewusster in der Gegenwart leben. Wir wissen längst mehr, als wir eigentlich wissen müssten, um das Richtige zu tun, das, was uns guttut und uns und andere glücklicher und gesünder macht. Wir alle wissen, wie schädlich Zigaretten sind, dass Lügen nirgendwohin führen und dass zu viele Sorgen auch nichts an den Herausforderungen ändern, die auf uns warten – wir alle wissen, dass wir den Planeten und die Menschen, die auf ihm leben, oft rücksichtslos behandeln und uns selber vielleicht am meisten. Aber ändern wir deshalb uns und unser Verhalten? Wie oft müssen wir darüber lesen, wie viele kluge Buddha-Sprüche braucht es für die Veränderung?

Was uns verändert, sind starke Gefühle
und neue Erfahrungen – schöne wie nicht so schöne.
Denken allein verändert wenig.
Es führt vielleicht zu neuen Gedanken, aber selten zu
neuen Erfahrungen und intensiveren Gefühlen.

Ohne Gefühl und neue Erfahrungen führt Verstehen nicht zum Begreifen und ohne das Begreifen gibt es keine wirkliche Veränderung. Echte Motivation entsteht, wenn Herz und Kopf zusammen auf die Reise gehen. Wenn beide zusammen etwas erreichen oder etwas loslassen wollen, nur dann gelingt es. Will der Kopf bleiben, aber das Herz gehen, oder will das Herz bleiben und der Kopf gehen, stagnieren wir, zerreißen uns oder fallen um. Eigentlich sollten wir genauso viel fühlen, wie wir denken. Und dann müssten wir platzen vor Gefühlen, eigentlich.

Es waren sicher alte Verletzungen, in denen die Ursachen meiner Ängste und Zweifel daran begründet lagen, dass andere Erfahrungen möglich sind. Aber die Verletzung mit ihrem Schmerz geschah in der Vergangenheit und die ist vorbei. Nur die Angst und die Erinnerung sind geblieben. Wir sind aber nicht das, was uns zugestoßen ist, wir sind, wie wir damit umgehen. Und wir haben eigentlich einen freien Willen, um alte Erfahrungen durch neue *zu überschreiben*. Dazu müssten wir raus aus unserem Kokon. Und dazu müssten wir uns der Angst vor dem Fliegen stellen, die der Entfaltung des Neuen im Weg steht. Bestimmt sind die meisten unserer Ängste inzwischen grundlos, die Umstände haben sich verändert. Und falls nicht: Wir sind doch heute klüger und stärker als damals, wir könnten andere Strategien finden, um mit den (alten) Bedrohungen umzugehen und uns nicht mehr von unseren Ängsten einschränken zu lassen.

Vielleicht haben wir uns als Kind *einsam* gefühlt – hilflos, verlassen und verloren. Weil wir eben nicht allein überleben konnten. Vielleicht haben wir nach der Mutter geschrien, aber die hat es nicht gleich gehört. Eine existenzbedrohende Lage, damals jedenfalls. Und vielleicht fühlten wir auch dieses zersetzende Gefühl von Schuld. Vielleicht hatten wir etwas falsch gemacht … Die anderen natürlich nicht, sie waren ja schon groß, Mama macht doch keine Fehler. *Die Idealisierung der Mutter und der Erwachsenen im Kindes-*

alter! Und dann kommt sie doch wieder und füttert uns wie immer. Und dann verschwindet sie wieder ... Aus einer Symbiose von fast zehn Monaten wird nach und nach ein Kommen und Gehen.

Es gibt so viele Möglichkeiten, als Kind die Einsamkeit als Form von Hilflosigkeit zu erfahren. Vielleicht wurden wir einmal allein im Auto zurückgelassen oder hatten im schlimmsten Fall Eltern, die sich überhaupt nicht richtig um uns kümmern wollten oder konnten, weil sie mit sich selbst überfordert waren. Womöglich gab es Mitschüler, die uns gemobbt haben, oder Lehrer, denen unsere Leistungen nicht genügten ... Dann mussten wir uns Strategien suchen, um mit diesem Gefühl von *Mangelhaftigkeit* klarzukommen, wir passten uns an, um zu gefallen und nicht ausgegrenzt zu werden. Und alle anderen machten das Gleiche. Aber für einen Erwachsenen, der weiß, wer er ist, sind diese Strategien und Verhaltensmuster, ist diese *Gefallsucht* sicher nicht mehr dienlich.

Natürlich brauchen wir alle manchmal jemanden, der uns Halt gibt. Aber wir brauchen ganz sicher niemanden mehr, *der uns alle zwei Stunden das Fläschchen gibt.* Wir sollten wissen, wer wir sind, und zu uns stehen, statt uns von den Bestätigungen und der Liebe anderer abhängig zu machen. Wir sollten frei sein, im Leben und in der Liebe, und uns nicht mit anderen Menschen vergleichen müssen.

So weit die Theorie. Aber sind wir auf allen Ebenen reif und erwachsen geworden? Da ist eben doch oft noch ein Kind in uns, das leider ein Problemkind geworden ist, weil es nur im Verborgenen und Unbewussten spielen kann. Die Angst vor Einsamkeit und Ausgrenzung haben wir selten hinter uns gelassen.

Wenn wir nicht in glücklicher Zweisamkeit ankommen, wirken diese alte Angst und die Abhängigkeit doch weiter in uns, dieses alte Gefühl von Einsamkeit – von Verlust, Hilflosigkeit und Schuld. Dann aber sollten wir die Angst endlich abbauen. Schritt für Schritt. Von Beziehung zu Beziehung. Und je weniger Angst in uns ist, desto freier kann die Liebe sein. Das Gegenteil von Liebe ist nicht Hass, es ist eben Angst, und auch Hass ist nur eine Facette der Angst.

Ganz sicher sind auch diese Urängste und Urkräfte, die uns in der Kindheit begegnet sind, dafür verantwortlich, dass wir immer noch in Abhängigkeiten geraten, in Karriere- und Beziehungsfallen. Sie sind der Grund, warum wir einen Kontrollfreak im Kopf haben, der mit allen Mitteln das Loslassen und Hingeben verhindert, der stattdessen aber klammert und sich verschwendet und hergibt. In der Beziehung, im Job, im Freundeskreis, sogar am Supermarktregal.

Wann hatte ich mich als Erwachsene wirklich losgelassen und hingegeben, so ganz ohne zu denken und zu kontrollieren? Ich meine gar nicht nur in Beziehungen, sondern überall. Es fiel mir schwer, mich einfach dem hinzugeben, was ich tat, oder einfach mal still zu sein und zu beobachten und zu erleben, anstatt mich abzulenken und weiterzurennen. Immer lag das Handy in der Nähe, immer online, immer Musik, stets gab es irgendetwas anderes zu tun, irgendwelche Probleme zu lösen und über etwas nachzudenken. Ganz so, als wäre mein Leben eine einzige Beschäftigungstherapie gewesen.

Jetzt aber fühlte ich nur die Einsamkeit, so kalt und diffus, wie sie war – ich ließ mich darauf ein und versuchte, mich möglichst nicht zu zerstreuen. Dieses Gefühl war offenbar schon sehr, sehr lange gegenwärtig in mir, hatte es sich gemütlich gemacht in meinem Leben und nur darauf gewartet, dass ich mich damit auseinandersetze. Aber wer trifft sich schon gern auf einen Cappuccino mit der Einsamkeit?

Damit ich überhaupt aus dem Bett kam und keiner mich so sah, lief ich nur nachts und allein durch die Gassen von Heidelberg. Aber es fühlte sich nicht mehr wie meine Stadt an – es war unsere Stadt geworden. Und *uns* gab es nicht mehr. *Meine Ex-Partnerin* war überall, nur nicht mehr bei mir – jeder Ort erinnerte mich an gemeinsame Momente.

Meine Gedanken wollten gern weg, wussten jedoch nicht, wie und wohin. Sie wollten gleichzeitig zurück und doch ganz weit weg von ihr.

Ich ließ mich weiter von dieser Einsamkeit zersetzen, hörte auf, sie verstehen oder verdammen zu wollen. Ich gab mich diesem Gefühl und meiner Erschöpfung hin.

Nur selten ließ ich mich von Freunden für eine Weile aufmuntern und mitreißen, obgleich ich so gern einfach gefeiert und alles vergessen hätte. Dann saß ich aufgeputscht in den Bars, aber auf dem Heimweg heulte ich wieder Rotz und Wasser, nur weil ich die Sterne sah, die ich ihr früher so gern erklärt hatte. Wie einsam man sich unter dem gewaltigen Sternenhimmel doch fühlen kann, ohne einen Menschen, mit dem man hochschaut und staunt.

Aber ich konnte wenigstens wieder weinen. Und wie! Wie lange ich das in meinem Leben vermisst hatte.

Auf einem Auge blind

Für das Chaos und das Abenteuer ständig neuer Beziehungen hatte ich oft den Frieden in Freundschaften aufgegeben. Auch in der Krise jetzt vernachlässigte ich meine Freunde und zog mich immer mehr zurück.

Ja, meine Freunde …

Erst als ich gar nichts mehr sah in dieser Dunkelheit, gingen langsam die Lichter wieder an. Ich war gar nicht wirklich einsam und auch nicht hilflos, es gab keinen Grund für Verlustängste. Aber diese Angst war nun mal da. Sie verhinderte, dass ich mich von Menschen, die mir nicht guttaten, abgrenzen konnte, und stattdessen schob ich die anderen immer viel zu schnell weg, wenn es mir schlecht ging.

Nach über einem halben Jahr konnte ich meine Familie endlich wiedersehen, meine Freunde, und zwar in einem viel helleren Licht als vorher. Ich verließ den Kerker der Angst. Ich wurde doch gemocht, die ganze Zeit schon – nur eben nicht von allen. So viele Menschen hatten um mich und um meine Liebe gekämpft, aber in meinem Horrorkino im Kopf waren das leider nur kurze schöne Werbeeinblendungen.

Mit meiner Unsicherheit und Angst hatte ich mich immer wieder in Situationen hineinmanövriert, die meine Selbstzweifel weiter bestätigten und mich am Ende nur allein mit meinen Gedanken zurückließen. Denken, denken, denken. Als wäre mein eigener Kopf zum falschen Freund und Berater geraten. Das Verhältnis zu mir selbst war meiner letzten Beziehung nicht ganz unähnlich. Erst machte ich mich fertig, dann half ich mir wieder hoch. Wie die heilige Maria konnte ich mir begegnen, nachdem ich mich vorher noch wie der Leibhaftige persönlich in den Staub getreten hatte.

Da lässt der Lügenbaron Münchhausen wieder grüßen. Der Kopf, das eigentliche Problem, will sich am eigenen Schopf aus dem Sumpf ziehen.

Das viele Denken ist aber auch ein Ersatzdialog mit sich selbst, wenn man sich schon nicht mit anderen wirklich austauscht. Man erzählt sich wieder und wieder, was man längst schon weiß – es muss nur kompliziert genug klingen, dann fällt es gar nicht auf. Etwas Neues lernt und erfährt man so allerdings nicht. Und wir hören eben nicht nur die eigene Stimme in uns plappern, sondern auch die Stimmen von Menschen, die uns früher prägten, die uns so zu sprechen und so zu denken beibrachten, die uns erklärten, was richtig und falsch für uns sei, wer wir sind und wie wir heißen, und die wir größtenteils zu einem Ich im Kopf, zu einem Selbstbild gemacht haben. Unsere Identität.

Diese Stimme im Kopf ist die Summe der Stimmen aller Menschen, die auf das Kind, das ich einmal war, autoritär eingewirkt haben. Und darunter sind eben auch Stimmen, die mich beleidigt oder ausgegrenzt haben. Sie schafften es ebenfalls, mich komplett von dem zu überzeugen, wer oder was ich ihrer Meinung nach sei. Und dieser Teil meines Ichs, den andere definierten, die weniger nette Sachen über mich sagten und mich beschränkten, dieses Über-Ich, wie Freud es nannte, war ständig auf die Bestätigung durch andere Menschen angewiesen. Dieses Selbstbild lässt sich ohne andere nicht aufrechterhalten.

Nur, wo ist jene innere Stimme eigentlich hin, die schon da war, bevor wir einsortiert und geformt wurden? Ist sie noch da? Und wer waren wir, bevor wir denken konnten?

Die Hinduisten sprechen oft von *Atman,* unserer Seele, die eins sei mit *Brahman,* der absoluten Wahrheit, einer Art göttlichem Selbst. Ein schöner Gedanke, so finde ich. Der Geist und seine Konzepte über das *Ich* sind nur sehr begrenzte Vorstellungen im Unbeschreiblichen der Wirklichkeit.

Das Selbstbild im Kopf entspricht nicht unserem *wirklichen* Selbst, es ist nur eine Maske. Die Etymologie des Wortes *Person* ist hier interessant. Es leitet sich vom lateinischen Wort *persona* ab und das bedeutet: *Maske eines Schauspielers.* Es hängt wohl auch mit *per-sonare* zusammen, mit der Stimme, die durch ein Röhrchen in der Maske des Schauspielers im Theater hindurchtönte. Zu einer *Person* werden wir also, indem wir in eine Rolle schlüpfen. Und ein guter Schauspieler wird eins mit dem Charakter, den er spielt, mit seinen Gedanken und seinem Erscheinungsbild. Das Publikum applaudiert dann oder ist verstört. Auch die Zuschauer vergessen bei einem guten Schauspieler bisweilen, dass es nur um Rollen geht, ob Komödie oder Drama.

Aber die Liebe ist kein Schauspiel. Sie ist die Wesenheit hinter den unterschiedlichen Personen, die Abwesenheit von Masken und Rollen – sie ist das Gemeinsame, *das eine* sozusagen, das von allen Wahrheiten, Vorstellungen und Meinungen unberührt bleibt, das hinter allen Gedanken einfach so ist, wie es ist.

Die Wahrheit war, dass es viele Menschen in meinem Leben gab, die mich liebten, die mich halten konnten, die sich halten ließen, die mich bereicherten und berührten, denen ich so genügte, wie ich war. Aber ich fand sie entweder nicht jung oder nicht aufregend genug oder sie küssten nicht gut genug. Irgendetwas hatte ich immer auszusetzen, was nicht meinen Vorstellungen entsprach, ich war weder bereit noch reif für eine tiefe Bindung zwischen zwei Herzen und für echten Frieden. Und wie ihnen, so begegnete ich auch mir

selbst … meist nur mit dem Kopf. Ich war derart fixiert auf die Män-
gel, dass ich die Fülle gar nicht begriff.

Die Liebe ist kein Schauspiel.
Sie ist die Wesenheit hinter den unterschiedlichen
Personen, die Abwesenheit von Masken und Rollen –
sie ist das Gemeinsame, das eine sozusagen,
das von allen Wahrheiten, Vorstellungen
und Meinungen unberührt bleibt, das hinter allen
Gedanken einfach so ist, wie es ist.

Ein sanftes Gefühl von Frieden umfing mich langsam wieder in dieser Krise. Vieles war ganz *okay an mir,* das meiste eigentlich. Ich
hatte immer nur mein Bestes gegeben, wollte mich wirklich verändern, aber es gelang einfach nicht so, wie ich es wollte. Und mich
auch noch dafür zu hassen, dass ich mich hasste, davon hatte ich
genug. Der Selbsthass ging eben nicht weg, aber ich entdeckte eine
Art Mitgefühl mir selbst gegenüber. Ich tat mir plötzlich leid, wie
ich da mit mir selbst kämpfte. Wie viel ich im Leben schon überstanden hatte und wie viel Schmerz da in mir war. Warum war ich
so grausam zu mir, warum konnte ich mich nicht selbst erst einmal
in den Arm nehmen, mir vergeben und verzeihen?

»Wer Schönheit zu erschaffen hofft, nicht aus Liebe, nicht aus Freiheit, sondern aus endloser Einsamkeit, der muss schon in einem Kerker leben und dort auch sterben.« Diese Zeilen verewigte Blanche
Monnier an der Wand ihres Zimmers im Haus Nummer 21 der Rue
de la Visitation in Poitiers. Sie war dort fünfundzwanzig Jahre lang
eingesperrt, bevor sie im Jahr 1901 befreit wurde. Wenn jemand den
Preis für die Schönheit und das Glück kannte, den man ohne Liebe
und Freiheit zahlen muss, dann sie. Ich wollte diesen hohen Preis

nicht bezahlen, wollte mich nicht noch länger auf meine Weise in meinem Kopf einsperren und von anderen wegsperren. Ich wollte endlich mich und die anderen wieder spüren – ohne dabei ständig über meine Grenzen zu gehen oder ein großes Drama zu inszenieren.

Meine beste Freundin meinte dazu am Telefon: »*Du hast bald alle Extreme erlebt. Das einzige Extrem eben, das dir noch fehlt, ist, endlich normal zu werden.*«

So viele Facetten

Auf der einen Seite begann ich, Frieden mit mir zu schließen, auf der anderen Seite eskalierte jedoch mein Identitätskonflikt. Als würde mein Kopf alles nur Denkbare unternehmen, um einfach so weitermachen zu können wie bisher. Ich stand oft im Bad vor dem Spiegel, aber die Eigenarten an mir, die mir nicht gefielen, verschwanden einfach nicht. Dennoch, ich nahm jetzt auch andere Facetten an mir wahr und, vor allem, ich sah die vielen wundervollen Menschen in meinem Leben – Familie, Freunde, Ex-Partner –, die doch nicht ohne Grund gekommen und geblieben waren, so schlimm konnte ich überhaupt nicht sein. Da geschah offenbar eine sanfte Veränderung in mir. Und besonders eines veränderte sich, nämlich meine Wahrnehmung von Schönheit bei anderen Menschen. Gerade mein altes Ideal von *Weiblichkeit* wirkte plötzlich irgendwie künstlich, leblos. Schwer in Worte zu fassen. Etwas entzauberte sich. Was ich früher als schön und anregend empfunden hatte, wirkte plötzlich puppenhaft und kalt. Dafür entdeckte ich die Lebendigkeit in dem, was mir früher nicht gefallen wollte.

Ich mochte Frauen, sehr, und wie! Und auch einige Männer, sehr, und wie! Ich habe da wirklich keine Denksperren, hatte ich auch als Jugendliche nie. Ich mochte beides, so ganz prinzipiell. Nur nicht in mir … seltsam. Aber eines fiel mir auf: Die Männer, die ich gernhatte, waren eigentlich in vielen Dingen so wie ich. An ihnen fand ich viele Seiten richtig toll. Irgendwie weit und tief, sanft und auch mal voller Unsicherheiten oder echte Kämpfer eben – schön und auf eine gewisse Art nicht perfekt. Meine Ideale und Beurteilungsmuster hinderten mich aber daran, diese Seiten in mir selbst zu integrieren. Ich darf nicht beides vereinen, ich muss ein Problem haben, die anderen hatten doch auch eines damit. Ich darf nicht so aussehen! Breite Schultern, das geht doch nicht.

Sich mit seiner Identität nirgends einordnen zu können, eine Seite nicht zu wollen, aber das Ideal der anderen auch nie ganz zu erreichen – so kann nie Frieden in der Seele einkehren. Die Identität ist die Basis für das Ich. Wenn das Selbstbild im Kopf schon wackelt, dann wackelt alles. Da ist nichts zu machen, wenn wir nicht ganz bei uns sind, kann uns auch nichts erreichen und berühren. Und dabei ist es völlig egal, welche Ursache, welcher Konflikt unser Selbstbild unscharf werden lässt, uns zerreißt.

Ja, wer oder was war ich denn nun? Frau, Mann, gar nichts davon, einfach nur verrückt? *Beides,* das stand leider selten zur Auswahl in den Beschimpfungen und Witzen über mich. Ich konnte das Problem nicht loslassen, nur weil ich wusste, dass es rational betrachtet absurd ist – aber es war eben auch der gleiche Kopf, der das wusste und zugleich mit der Selbstverurteilung nicht aufhörte.

Eine ehemalige Partnerin, die mich wirklich gut kennt und deren Rat mir auch heute trotz Trennung sehr viel bedeutet, sagte früher oft, es sei entscheidend, dass ich meine Mitte finden und leben würde. Ich hätte nun mal beide Seiten, das würde mich doch gerade so wunderbar machen – und dann sagte sie, ich hätte eben auch noch Millionen andere Seiten und Facetten, die sich gerade durch meinen Weg offenbarten.

Sie meinte, ich würde immer die Balance verlieren, weil ich annähme, dass eine Seite nicht in Ordnung wäre. Weil ich eine Seite nicht wolle und die andere krampfhaft versuchte überzuerfüllen.

Nach der Trennung fragte sie mich: »Janice, warum läufst du immer vor Menschen weg, die dich doch gerade mit allen deinen Seiten und Facetten lieben, um dich dann auf Menschen einzulassen, die eine Seite von dir absaugen, die ihnen selber fehlt, und dir dafür ihre Konflikte noch zusätzlich aufladen?«

Ich suchte früher immer überall nach Bestätigungen, dass alles okay war – aber ohne es zu bemerken, suchte ich viel öfter nach Bestätigungen, dass ich eben doch nicht okay war. Ich verglich mich ständig mit anderen Frauen, die mir gefielen und die subjektiv betrachtet tausendmal schöner und weiblicher waren als ich, und ich verglich mich mit Männern, die mir überhaupt nicht gefielen, und hasste die schrecklichen Gemeinsamkeiten, die ich mir mit aller Fantasie zusammenreimte.

Nach dem Ende der Beziehung war ich noch nicht frei. Aber ich sah meine Facetten und meine Stärken durchaus immer besser und konnte mich anderen Menschen gegenüber weiter öffnen. Ich vertraute auch mehr als vor der Krise und fühlte mehr, viel mehr – wenn auch nicht nur Schönes! Ich war nicht fertig damit, meine Probleme zu lösen, aber ich konnte besser vergeben, *ihr,* mir – und hatte das Gefühl, mit dieser Lektion soweit fertig zu sein. Vergebung heißt Frieden, vergeben können heißt, innerlich gewachsen zu sein und wirklich losgelassen zu haben. Ich vertraute darauf, dass es jetzt weiterging, dass mich der nächste Wegabschnitt finden würde. Die Liebe war zwar noch ernst, aber nicht mehr hoffnungslos.

»Und so bliebe nur die Liebe –
alles andere hat versagt.«

Dritter Teil

Irre trifft Irre

Könnte ich deine Gedanken lesen
und jedes einzelne Haar hören,
das von deiner Schulter fällt –
und könnte ich diese Welt
mit deinen Augen sehn –
dann wärest auch du
nur ein anderes ich.
Und so ist es wohl
doch besser dann,
dass ich dich
niemals ganz
ergründen
kann.

Ein Wunder kommt selten allein

»Schon irre, wie sich alles um einen fügt,
wenn man sich mal in Ruhe lässt.«

Ich saß inzwischen seit Monaten verzweifelt an diesem Manuskript und konnte überhaupt nicht ausdrücken, was ich da gerade erlebt und durchgemacht hatte. Es gelang mir nicht, meine eigene Geschichte in einen größeren Kontext zu setzen, um wirklich über die Liebe schreiben zu können. Auch meine alten Versagensängste, Existenzängste, Verlustängste kehrten alle erst einmal wieder zurück. War ich vor über einem Jahr noch von Zuversicht erfüllt, meinte ich jetzt, mit diesem Buch komplett zu scheitern. *»Ich bekomme das einfach nicht hin«* und *»Ich schaffe das nicht«* – so lauteten meine Mantras, die ich jeden Abend herunterbetete, während ich auf leere Seiten starrte. Auf Nachfragen meines Verlags oder meiner Freunde antwortete ich aber, dass es läuft und ich schon rechtzeitig fertig werde, und dachte mir dabei, dass ich spätestens in ein paar Monaten auf der Suche nach Pfandflaschen durch die Straßen von Heidelberg laufe und nur noch mit Mülltonnen spreche.

Da halfen noch Ausreden, so wie immer: Hauptsache, überzeugend wirken, irgendwie mir selbst und anderen einreden, dass ich alles im Griff und unter Kontrolle habe. Aber ständig ging etwas schief, dann landete Salz statt Zucker im Kaffee oder Handcreme auf der Zahnbürste. *Gar nichts half mehr!* Wenn das Buch hier nicht fertig wird, vielleicht kann ich dann wenigstens für die Obdachlosenzeitung schreiben, redete ich mir ein. Referenzen für eine Bewerbung hatte ich immerhin: zwei Bücher, beide waren sogar auf der Bestsellerliste gelandet. Leider verhob ich mich dann beim dritten Buch und scheiterte. So etwas soll vorkommen. Den Atlantischen Ozean hatte ich auf 240 Seiten abgehandelt, dem Schiffstagebuch folgend, das war ein Kinderspiel: *Tosende Stille* – ein Krachertitel über die durchgeknallte Aktion einer durchgeknallten Frau und **bamm!**, es verkaufte sich wirklich gut. Danach hatte ich mich noch einmal auf 240 Seiten an Land selbst gesucht, ab und zu sogar gefunden und ins Nirwana meditiert, okay, auch da war es knapp mit dem Abgabetermin. *Freut euch nicht zu spät* – das war ebenfalls ein toller Titel, das lief schon alles ganz gut. Und dann ausgerechnet ein Buch über die Liebe … Hätte ich nicht einfach ein Kochbuch oder einen Wanderführer schreiben können? Oder ich wäre durch die Wüste Gobi gewandert und hätte *Tosende Stille 2* verfasst. Nein, es musste gerade die Liebe sein.

Früher wurde ich wenigstens immer noch *irgendwie rechtzeitig mit allem fertig.* Das ging eigentlich mein ganzes Leben lang so: Erst totale Motivationsschwierigkeiten und dann lieferte ich Leistung unter Hochdruck ab – dem folgte immer ein seltsamer Leidensdruck und eine innere Leere. Aber wenn sich die Höchstleistung wenigstens lohnt und die Erwartungen erfüllt oder sogar übererfüllt werden – wenn man also Erfolg mit dem hat, was man tut, wenn man sein Ziel erreicht, dann kann man sich auch eine Weile damit ablenken und sich vom Erfolg *erfüllen* lassen. Anheizen, ausbrennen. Anheizen, ausbrennen – meine Maschine lief, bis zum Totalausfall in der letzten Krise und mit diesem Buch hier.

Es klingt ein bisschen wie im Film jetzt, aber genau an dem Tag, an dem sich die Begegnung mit meiner letzten Partnerin zum ersten Mal jährte, erreichte mich wieder eine Nachricht. Das Universum war wohl fertig mit seiner Inventur und lieferte wieder Wunder in Gestalt neuer schicksalhafter Begegnungen aus. Hätte mich die Nachricht auch nur einen Tag früher oder später erreicht, hätte ich bestimmt nicht so schnell geantwortet – ich beantwortete seit Wochen kaum Post und wollte am nächsten Tag wieder den Fokus aufs Schreiben richten, endlich fertig werden. Aber wie hätte das Buch enden sollen? Damit, dass ich meine letzte Beziehung irgendwie *überlebt* hatte?

In der Nachricht, die mich nun erreichte, ging es eigentlich um einen Vortrag und um einen neuen Auftrag. Doch dieses Timing mit dem Jahrestag und der eine oder andere Satz von ihr ließen bei mir die Sicherungen durchbrennen. Also telefonierten wir und dabei stellte sich heraus, dass die Frau sogar am gleichen Tag Geburtstag hatte wie meine Ex-Partnerin. Das konnte alles kein Zufall sein. Ihre Stimme hüllte mich in ein sehr sanftes Gefühl von Stille ein – auch schien es, als würde sie meinen Zustand und meine Gedanken kennen und mich verstehen, ohne dass ich ihr viel darüber erzählt hatte.

Als ich nach unserem ersten Telefongespräch auflegte, war mir völlig klar, dass mich eine komplett neue Erfahrung erwarten würde und dass da mehr mitschwang als nur Sympathie und Verständnis. Ich konnte es nicht in meinen Kopf einsortieren – ich spürte einfach die Gewissheit, auch wenn sie unvernünftig war, gegen jede Logik.

Nur Stunden später hingen wir beide wieder am Telefon. Und über die nächsten Tage stellte sich ein Gefühl von unglaublicher Nähe und Zuneigung ein, ohne dass wir uns überhaupt schon getroffen hatten.

Sie konnte mich ohne lange Vorworte und Einleitungen, von meiner ersten Zeile an, wie ein offenes Buch lesen. Sie wusste, ich war gerade dabei zu heilen. Sie ließ mir aber Zeit, den Mut zu finden, das auch zugeben zu können und über den Schmerz zu sprechen. Unser Austausch war beseelt von Mitgefühl und Verständnis. Früher hatte alles in meinem Leben immer viele Erklärungen, Rechtfertigungen oder Ausreden gebraucht, sie brauchte keine. Sie verschlang meinen Inhalt, so wie er war, mein Innerstes und Tiefstes. Und es zog mich in ihre Tiefe. Ich konnte irgendwann einfach die Luft nicht mehr anhalten und verliebte mich schon am Telefon. So etwas war mir noch nie passiert. Hinter meinen langen Ausführungen und Erklärungen und in meinen ironischen Worthülsen erspürte sie sofort meine Unsicherheiten, die sich darin verstecken wollten – und sie erdete sie sanft, indem sie mich beruhigte. Eigentlich wollte ich keinem Treffen zustimmen, bis das Buch fertig geschrieben war. Also versuchte ich, meine Gefühle und meinen Kopf zu entschleunigen, *auf die Bremse zu treten*, aber es gelang mir nicht besonders gut.

»*Es ist alles in Ordnung, Janice! Du musst nicht ständig ausweichen oder zurückrudern. Du kannst nichts mehr kaputt machen und es ist eben, wie es ist!*«, sagte sie.

Sätze wie diese holten mich ab. Ich wurde still und stiller, allein wenn ich ihre Stimme hörte, es war eine tosende Stille da in meinem Kopf und in meinem Körper – wie das Meer, das da in mir zu erwachen schien, es rauschte und tobte, aber es war eben nur das Meer.

So schnell und in dieser Tiefe kannte ich das nicht, und ich kannte einiges. Ich war immer irgendwie recht hastig *verliebt* früher, verlor schnell mal den Kopf, aber das hier war etwas anderes, etwas Unerklärliches. Auch wenn ich wieder halbwegs klar denken konnte, passten meine Gefühle einfach nicht in meinen Kopf. Ich hatte oft das Gefühl, dass sie in mir wäre, als gäbe es keine Trennung mehr zwischen uns, trotz der vielen Kilometer, die wir voneinander entfernt waren. Ich lief durch die Wohnung und dachte, ich hätte irgendwelche psychoaktiven Drogen genommen, fühlte mich einfach nur berauscht von ihrer Stimme, so *wundersam* wach und voller Energie. Und dabei hatte ich sie noch nicht mal getroffen.

Doch was wir nicht kennen und was die Grenzen zwischen uns und den anderen überschreitet, das kann uns auch Angst machen. Angst, uns selbst und die Kontrolle zu verlieren. Es gab doch immer irgendetwas zu kontrollieren in meinem Leben, es fand sich stets ein berechtigter Grund, um jedem Frieden und zu viel glücklichem *Zufall* zu misstrauen. Letztlich tat es dann meist nur weh und enttäuschte alle anfänglichen Hoffnungen, wenn es viel zu schnell vorüber war. Obgleich das hier so sanft geschah und gerade dadurch so stark, kamen mir nun in Wellen haltlose Gedanken, die irgendwo in der Vernunft und Sicherheit ankern und sich festklammern wollten, auch frühere unglückliche Beziehungen fielen mir wieder ein. Durch den Schwarzfilter der Vergangenheit sah dann auch die Zukunft bestenfalls irgendwie grau aus. Ich versuchte, auf der einen Seite zu bremsen. Gab aber gleichzeitig auf der anderen Seite mehr Gas, als ich überhaupt erlenken konnte, telefonierte mehrmals täglich mit ihr und ließ alles andere liegen.

Nicht alles, was man fühlt, muss man auch verstehen – aber meine Gedanken kreisten um den Grund und den Sinn meiner Gefühle und ich sorgte mich um die heftigen Konsequenzen, die es nach sich ziehen könnte, mich einem Menschen so weit zu öffnen, obgleich ich ihn gar nicht richtig kannte.

Das ist total unlogisch, dachte ich in schwachen Momenten, *das ist vollkommen verrückt! Das kann mir doch nicht passieren, das ist zu schön, um wahr zu sein. Und selbst wenn es wahr wäre: Das verdiene ich doch überhaupt nicht – niemals würde ich diesem Menschen reichen, warte nur, bis er mich mit meinen Problemen und meiner Oberflächlichkeit durchschaut hat und sich dann gelangweilt oder gar erschreckt abwendet. Was will so ein reifer und kluger Mensch denn mit einer wie mir? Es wird doch nur wieder wehtun. Also lasse ich es besser und mache mir nicht allzu viele Hoffnungen. Das ist bestimmt nur ein Traum! Dann träume ich eben noch ein kleines bisschen, wecke* mich aber lieber selbst schnell aus dem Traum, bevor das böse Erwachen kommt.

Die Fassade meines souveränen Superegos bröckelte. Dieses Gefühl von Nähe und Verbundenheit holte alles wieder hoch in mir, was sich da noch an Zweifeln und Ängsten versteckte. Und dann wollte ich wie früher gleich meine alten Verhaltensmuster bedienen: entweder weglaufen oder mich ganz sicher wähnen, bevor ich mich emotional darauf einlasse. Ich dachte auch schon über die gemeinsame Zukunft nach, über Partnerschaft, über diesen ganzen Unsinn, der jeden Augenblick des einfachen und unkomplizierten Miteinanders zerstört. Ich wollte Sicherheiten und eine Perspektive. Dabei hatte ich sie immer noch nicht gesehen und wusste doch längst, dass es keine Sicherheiten im Leben und Lieben geben kann und geben sollte. Ein Teil von mir wusste es jedenfalls, ein anderer scheinbar noch nicht.

Nein, es war kein Traum, ich wachte einfach nicht auf. Mein Hals schnürte sich zu, wenn ich ihre Stimme hörte, mein Herz schlug im Rippenkäfig, als wollte es mir gleich wie ein ungezähmter Löwe aus der Brust springen. Meine Gefühle ließen sich nicht mehr durch meine ängstlichen Gedanken unterdrücken und zähmen. Der Kopf kam gar nicht mehr mit. Wir beide fanden die Zufälle und Gefühle irgendwie *irre*, wir fanden uns *irre*. *Irre* war unser neues Lieblingswort. Mein Körper tickte völlig aus, ich spürte *Stromschläge* sogar im linken kleinen Zeh. Alles in mir war elektrisiert.

Nicht alles, was man fühlt, muss man auch verstehen.

Da wir es nicht aushielten, verabredeten wir uns doch schneller als ursprünglich geplant, wir mussten uns einfach endlich sehen. In

173

meinem Kopfkino sah ich mich schon heulend in ihren Armen liegen, wie ein Kind, wie ein Häufchen Elend mit zwei Armen dran. Und es ging dann auch äußerst schnell mit dem Treffen, denn wir entschieden uns für *sofort!* Ich willigte unter der Bedingung ein, dass ich meine Wohnung nicht aufräumen muss, dass ich wegen des nächtlichen Schreibens sehr müde aussehen darf und wir nur zusammen eine Zigarette rauchen und einen Espresso trinken – ich hatte doch nicht einmal Milch im Kühlschrank. Sie lachte, stimmte zu und meinte, sie würde auch kommen, um aus einer leeren Tasse zu trinken ... um so zu tun, als ob. Ich beendete das Gespräch, legte das Handy auf die Couch, nippte am Wasserglas, sortierte meine Buntstifte nach Farben ... dann drehte ich durch. Ich hatte noch nicht mal das Geschirr gespült, war überhaupt nicht vorbereitet. Die Wohnung sah aus wie ... ja, wie immer eigentlich! *Ach, scheißegal, ich nehme jetzt alles, wie es kommt!* – Ich versteckte wenigstens das Geschirr noch im Backofen, duschte in Rekordzeit, föhnte mir die Haare und putzte gleichzeitig das Bad dabei und rasierte mir die Beine. *Man weiß ja nie!* Nebenbei telefonierte ich noch mit einer anderen Freundin und sie lachte sich kaputt. Mir blieben knapp neunzig Minuten bis zu ihrer Ankunft und ich erschien fünf Minuten zu früh am Treffpunkt.

Sprachlos trifft sprachlos

Sie steckte noch im Stau fest, während ich schon nach einer akzeptablen Sitzposition auf der Holzbank am Ende meiner Straße suchte. Ich wollte möglichst souverän erscheinen, aber auch kein Doppelkinn riskieren und den Rücken gerade lassen. Ganz gleich aber, wie ich dasaß, es war entweder unbequem oder musste furchtbar gequält aussehen. An Ende ruhte ich wie ein Buddha im Schneidersitz, das Handy *souverän* in der Hand.

In den letzten neunzig Minuten hatte sich mein Bauchumfang gefühlt verdoppelt, der Knopf meiner Hose ging nicht mehr zu. Auch meine Stimme war fast weg – ich stand innerlich unter so einer enormen Anspannung, weil ich versuchte, gefasst zu bleiben und mir das bloß nicht anmerken zu lassen. Was wir nicht bewusst fühlen wollen, spüren wir dann doch unbewusst auf körperlicher Ebene. Das war schon immer mein Problem – zu jedem Date rannte ich mit einem halben Notfallkoffer.

Dann hielt ein schwarzer Wagen in etwa zwanzig Meter Entfernung in der Parkbucht. Ich schaute kurz auf und erkannte am Kennzeichen, dass sie es war – zu lange wollte ich aber nicht aufschauen, also tat ich so, als hätte ich sie nicht bemerkt. *Cool bleiben, Jeanne, cool bleiben!,* ermahnte ich mich selbst. Ich beobachtete das parkende Auto aus dem Augenwinkel heraus, und es dauerte noch einen

Moment, bis sich die Fahrertür öffnete und sie ausstieg. Erst sah ich ihre Schuhe, dann ihre Beine … dann ihre Beine … Beine … oh, mein Gott! Dann tauchte endlich ihr Lockenkopf auf.

Unsere Blicke trafen sich sofort und *alles war klar*. Ein paar Sekunden später stand sie vor mir an der Bank. Ein tiefer Blick in ihre Augen, eine erste Umarmung und in meinem Lebenswerk, in meiner Angstfabrik, riss es die Fenster auf und all die schweren, staubigen Vorhänge herunter. Als Mensch mit all meinen Macken und Zweifeln lag ich plötzlich in ihren Armen und hätte jetzt sterben können und es wäre okay gewesen. Aber ich starb nicht. Sammelte mich wieder, fand in den Kopf zurück und steckte mir eine Zigarette an. Musste sie jedoch mit beiden Händen festhalten, denn alles, was jetzt *keinen Halt fand,* zitterte an und in mir.

Wir beschlossen, erst ein bisschen durch Heidelberg zu laufen, um das Ganze sacken zu lassen – schauten uns aber beim Gehen fast ununterbrochen in die Augen. Da alle Cafés, an den wir vorbeikamen, zu voll oder die Menschen darin zu laut waren, landeten wir doch bei mir zu Hause und vor meinem Backofen. Nachdem sie sich über mein verstecktes Geschirr amüsiert hatte, aßen wir Pizza vom Pappkarton. Ich saß auf dem Parkettboden vor ihr und schaute in ihre tiefen Augen – neben mir mein Regel voller kluger Bücher, in denen steht, wie man sich vernünftig kennenlernt, wie man sich Zeit lassen soll, wie man aus einem Verliebtsein Liebe entstehen lässt, wann der rechte Augenblick ist, um genau was zu tun, damit Liebe funktioniert … mir rutschte der Belag von der Pizza, sie lächelte und in mir lächelte jede Faser meiner *Unvernunft*.

Die Intensität kurzer Berührungen, die Herzsprengkraft kleiner Gesten … meine Vernunft glich nur noch einem Eiszapfen, der in kochendes Wasser getaucht wurde. Und es gefiel meiner Vernunft, wie sie dahinschmolz.

Die Vernunft muss abends als Erste ins Bett und morgens als Erste raus – die Liebe tanzt nachts durch die Gassen.

In Büchern über den Buddhismus hatte ich gelesen, dass wahre Liebe angeblich still macht und sanft ist und dass das, was unsere Knie zittern lässt und uns durcheinanderbringt, eigentlich gar keine richtige Liebe wäre. Ich wollte immer beides – fand früher aber entweder Frieden oder zitternde Knie – Ferien oder Abenteuer. Jetzt zitterte ich am ganzen Leib, wie nie zuvor, während sich alles in mir gleichzeitig löste und entspannte. In meiner Brust schlugen zwei Herzen, eines brüllte wie ein Löwe, das andere schlug sanft und unschuldig wie das einer Jungfrau. Mein Sternzeichen und mein Aszendent – Löwe, Jungfrau, eine nicht ganz unkomplizierte Konstellation.

Ich legte meinen Kopf wie eine Jungfrau auf ihren Schoß und ließ den Löwen erst einmal brüllen. Und ich ließ mich fallen. Es war so unglaublich tief und wurde mit jedem tiefen Atemzug noch tiefer. Es glich beinahe einer Hypnose – mein Kopf klärte sich, das Denken hörte auf. Auch mein Bauch entspannte sich komplett.

Wenn ich in früheren Beziehungen diesen Punkt ansteuerte, brach meistens einer von beiden an dieser Stelle ab, dann wurde gelacht, gekichert, irgendwas gesagt oder getan. Dann wurde es zu viel, zu intensiv, zu still, zu tief. Das war mir früher gar nicht bewusst gewesen, aber in der letzten Beziehung merkte ich es endlich. Echte Nähe und Tiefe sind kaum auszuhalten im Kopf – wenn er sich immer langsamer um alles dreht und dann wie ein Brummkreisel gleich umzukippen droht und panisch wird. Mit ihr gelang das plötzlich viel besser. Es war so schön, dass ich weinen wollte … aber dann fiel mir gerade noch rechtzeitig von allen blöden Fragen die mit Abstand dümmste ein, und ich konnte mich retten: »*Sag mal, warum bist du jetzt hier?*«

Sie strich meine Locken aus dem Gesicht, dann zog sich ihr linker Mundwinkel hoch, dann ihr rechter – dann mein rechter, dann mein linker: »*Damit du endlich Frieden finden kannst, Jeanne! Die Puzzlesteine fügen sich langsam – ich spüre mehr, als ich verstehen kann bisher. Und ich bin wohl auch hier, damit du dein Buch endlich schreiben kannst. Ich sage dir aber gleich, dass ich es nicht lesen werde.*«

Ich entgegnete, ich hätte angenommen, dass sie nur wegen des Kaffees und der Zigarette gekommen wäre, und ich fand mich superwitzig und wieder souverän. *Alles unter Kontrolle!* Aber eigentlich schwirrte mir noch ihre Stimme im Ohr und im Herzen herum. »Shann … Shann … Shann …«, wie mein Name aus ihrem Mund klang, ich fühlte mich so geborgen, sogar in ihrer Stimme.

Ich war offenbar mutiger geworden, loszulassen und mich zu öffnen, trotz der letzten Beziehung oder vielleicht gerade deswegen. Und ja, ich würde jetzt gern schreiben, dass alles endlich *perfekt* war und alle alten Konflikte sich aufgelöst hatten – nein! Aber alles war erst einmal *gut*. Und der Löwe in mir, der am Ende immer gern über die eigenen Pfoten stolperte, blieb auch vorläufig an der kurzen Kette. Es durfte einfach gut sein und sanft, das war schon genug.

Nach ein paar Stunden ging sie, wir schafften es irgendwie, uns zu trennen. Und ich schrieb am alten Skript für dieses Buch weiter, ahnte aber schon, dass ich noch mal komplett von vorn anfangen muss. In dieser Nacht schrieb ich folgende Zeilen:

Ich höre gerade Musik von den Doors beim Schreiben, der Song heißt »L. A. Woman« – früher war mir schon das Brummen meines Kühlschranks zu viel beim Schreiben, an Musik nicht zu denken. Ich kann plötzlich fünf Dinge gleichzeitig machen: schreiben, Musik hören, die Rassel zwischen den Zehen klappern, mit dem Kopf schütteln und auch noch mitsingen. Ich bemerke gerade, dass ich sogar im Takt der Musik die Buchstaben hier tippe, Jim Morrison schreibt jetzt diese Texte mit. Und die Musik dröhnt durch die Nacht:

»Mr. Mojo Risin', Mr. Mojo Risin' – Mr. Mojo Risin', Mr. Mojo Risin' Got to keep on risin' – Mr. Mojo Risin', Mr. Mojo Risin' L. A. Womaaaaaannnnnn – L. A. Womaaaaaannnnnnn«

Ich fühle mich so beseelt und verrückt von dieser Begegnung und von diesem Fluss und von dieser Energie in mir! Verliebt über beide Ohren! Happy End. Jetzt kann ich doch das Buch zu Ende schreiben, oder?

Auch das Universum lachte! Bullshit, Janice, das weißt du! Wir sind noch nicht fertig, wir haben noch nicht einmal angefangen. Gewiss, diesmal scheint wieder alles anders als in den Beziehungen vorher, diesmal ist es ganz sicher die Richtige ... aber wie oft hast du das schon gedacht?

Ich fühlte mich im Herzen wieder ein bisschen wie ein Kind, auch in den nächsten Tagen – alles berührte mich so tief, ich war so empfänglich, so erreichbar, auch ohne Mobilfunkmast in der Nähe. Da war dieses Staunen und Wundern und da war so wenig Angst und Sorge. Schon oft hatte ich einen ähnlichen Zauber zu Beginn von Beziehungen erlebt, aber nicht in so einer Tiefe – jedenfalls konnte ich mich nicht mehr daran erinnern. Vielleicht in meiner ersten Liebe, als Teenager, da lagen wir auch stundenlang am Waldsee und nichts war passiert, außer dass wir lachten, sie mir durch die Haare strich. Über Wochen näherten wir uns Zentimeter um Zentimeter an und dann, *bamm!*, küssten wir uns. Doch, vielleicht damals, da war eine ähnliche Magie im Raum, da war genug Zeit, da war keine Eile. Danach aber glaubte ich zu wissen, wie Beziehung und Küssen funktionieren – warum sollte man sich mit dem nächsten Menschen auch wieder so viel Zeit lassen? Statt das Prickeln und Vermissen auszuhalten, musste dann alles gleich körperlich geerdet und schnell in ein konkretes Beziehungskonzept einsortiert und abgesichert werden.

Warum lief es mit jeder weiteren Beziehung immer schneller und *fulminanter?* Muss nicht jeder neue Mensch behutsam und wieder komplett von vorn kennengelernt werden? Egal wie viele Männer oder Frauen wir vorher schon geküsst, mit wie vielen wir geschlafen oder zusammengewohnt haben, im Grunde sollte jede Beziehung beginnen wie unsere allererste. Aber traf ich jemanden, war es nicht auszuhalten mit Geduld und Ruhe und richtigem Kennenlernen … bevor sich die Seelen näherkommen konnten, lagen schon die Körper aufeinander und wurde der Beziehungsstatus geändert.

Noch war alles ganz sanft und ich verspürte keine Eile. Nur, das konnte doch unmöglich so bleiben, dass es einfach mal *gut* war! Sonst hatte ich immer diese Angst in mir … Also begann ich, mich wieder davor zu fürchten, dass mein innerer Konflikt bald alles schrecklich verkomplizieren würde. Wir haben alle unsere Sorgen und Konflikte – ich hatte eben meine.

Und sie wusste noch nichts von meiner Geschichte, vielleicht ahnte sie etwas, ich war mir nicht sicher. Ich hoffte, dass alles überschaubar bleiben würde, aber natürlich blieb es das nicht.

Höher, schneller ... gegen die Wand

Sie war die erste Frau, mit der ich sofort zusammengezogen oder ausgewandert wäre, mit der ich mir nach ein paar Treffen hätte vorstellen können, zusammenzuleben. Hätte sie gefragt, ich hätte, ohne zu überlegen, sofort mit *Ja!* geantwortet und dabei auch wirklich *Ja!* gemeint. Dagegen schreckte ich in fast jeder früheren Beziehung auch nach Monaten noch vor diesem Schritt zurück und lief spätestens dann davon. Sie war einfach anders, ihr Umgang mit mir, dieses Gefühl von Geborgenheit und Freiheit, und auch sie blieb frei und bei sich, ließ sich nicht vereinnahmen.

Es hatte nur einmal funktioniert in meinem Leben mit dem Zusammenziehen – das hielt sogar zwölf Jahre –, wohl auch, weil sie mir gar nicht die Zeit gab, groß darüber nachzudenken, und ich noch wenig Beziehungserfahrung hatte. Bevor ich michs versah, teilten wir uns damals plötzlich einen Einkaufskorb im Supermarkt und ein paar Wochen später einen Kühlschrank. Und das war auch wirklich gut so.

In jeder anderen Beziehung aber nahm ich gleich die Beine in die Hand, wenn es um das Zusammenziehen und erst recht um Familienplanung oder um Kinder ging. Entweder ging mir alles zu schnell und ich konnte mein Glück nicht fassen oder meine Gefühle waren nicht stark genug. Vor ein paar Jahren lernte ich beispielsweise einen Mann kennen, wir schrieben Artikel über das gleiche Thema in einem Internetforum und kamen miteinander ins Gespräch. Er hatte sich gerade verlobt. Doch wie das Leben so spielt, begann er an den Heiratsplänen zu zweifeln, als wir miteinander telefonierten und bemerkten, wie unglaublich gut wir uns verstanden. Noch ehe wir uns überhaupt trafen, trennte er sich von seiner Partnerin. Wir begegneten uns dann in Heidelberg, ich war gerade umgezogen und es schlug wie der Blitz bei mir ein. Alles schien zu passen – außer den üblichen Kleinigkeiten, wie hochgeklappte Klobrillen und Jogginghosen im Bett, störte mich wenig, was nicht mit etwas Geduld zu lösen gewesen wäre. Mein Traummann! Gefühlvoll, klug, groß, schön – und ein bisschen lebensverwirrt und lebensverirrt wie ich selbst. Ich war wirklich verliebt, über beide Ohren. Als er dann nach ein paar Tagen abreiste, stellte er mich vor die Wahl: »*Du bist mein Lebensmensch, Janice. Ob du das glauben willst oder nicht. Ich habe keine Zweifel mehr. Ich werde nicht monatelang hin- und herfliegen, so funktioniert das nicht. Ich packe jetzt meine Sachen zusammen und dann hast du eine Wahl: Entweder ich komme zurück nach Heidelberg, wir ziehen zusammen, ich suche einen Job, wir regeln das alles oder ... oder ich schreibe meine Doktorarbeit fertig und verschwinde für ein Jahr in Bolivien.*«

Hilfe! So etwas kommt im Liebesfilm immer total super, so etwas erträumte ich mir heimlich vielleicht auch – aber Zelluloid muss keine Konsequenzen tragen. Alle Gefühle blockierten schlagartig bei mir. Das war einfach zu schön, um wahr zu sein, zu *unvernünftig*. Was da alles schiefgehen konnte! Und trotzdem, es hätte auch gut gehen können oder wäre wenigstens ein *irres* Abenteuer gewesen.

So schnell und heftig lief es nicht immer in meinen Beziehungen, aber spätestens wenn es ernst wurde, bekam ich kalte Füße. Ich sah stets nur die Worst-Case-Szenarien: fürchtete Lügen, Ausnutzung, Eifersucht, Abhängigkeit und Freiheitsentzug und dass alles zur Last wird und ich da nicht mehr rauskomme.

Mit ihr schien es jetzt anders. Eigentlich war alles einfach nur schön, solange wir zusammen waren und den Rest der Welt und unsere Sorgen vergaßen. Aber die Lebensumstände, in denen wir steckten, und das Timing waren alles andere als perfekt. Wir hatten beide vor der Begegnung durchaus in Betracht gezogen, umzuziehen und für einige Zeit sogar ins Ausland zu gehen. Auch gab es viele andere Umstände, die erst noch aufgelöst werden mussten, damit überhaupt eine grobe Richtung für die Zukunft bestimmt werden könnte. Zudem musste ich endlich mein Buch fertig schreiben, da blieb kaum Zeit für längere Treffen in den nächsten Wochen. Auch diese Begegnung war also nicht nur ein Märchen, auch wenn es so begann. Ich hatte wirklich Lust auf Veränderung, aber für konkrete Veränderung braucht es eben mehr als das.

Ein paar Tage waren inzwischen vergangen, sie hatte mir nie von der Couch aus beim Schreiben zugeschaut, denn ich konnte nicht schreiben, wenn sie in meiner Nähe war – dann war alles andere egal, wie im Film mit nur einer Hauptdarstellerin.

Jedem Anfang wohnt bekanntlich ein Zauber inne und ich war schnell zu verzaubern, immer offen für Neues, für anderes. Genauso schnell, wie ich mich *verliebte*, fuhren wir die Beziehung dann aber auch gegen die Wand.

Wäre doch gelacht, wenn uns das diesmal nicht auch gelingen würde!

Vollgas, dann die Handbremse

Trotz aller schönen Gefühle und Schwingungen – irgendetwas stimmte nicht, mein Kopf meldete sich immer öfter mit Zweifeln und Bedenken. Das war zu unkompliziert, um wahr zu sein. Wir beide verdrängten offensichtlich jedes andere Problem im Leben vorerst, sprachen oft in Rätseln, aber langsam interessierte mich auch das *Warum?* dieser Begegnung. Solange es bei dieser Sanftheit blieb, drängte mein Konflikt nicht zu sehr, das fiel mir auf, diese Nähe war okay, mein Kopf auf ihrem Schoß, das war superokay! Aber da tauchten auch immer mehr Fragen in meinem Kopf auf und vor allem die Frage, wie es weitergehen würde.

Also sprach ich endlich meine Geschichte und meinen Konflikt an, der bis zu diesem Punkt kein Thema zwischen uns war: »*Du, ich muss dir was sagen! ...*«

Ich hatte Angst vor diesem Schritt, zwar gab es selten in Beziehungen wirklich ein Problem damit – meist sogar im Gegenteil –, aber die letzte Beziehungserfahrung steckte mir noch in den Knochen. Und da war es ein Problem gewesen, und was für eines! Als ich es erzählt hatte, wurde ich als *Lügnerin* bezeichnet und in jedem folgenden Streit damit in den Boden getreten. Dass etwaiger Männerhass und Selbsthass anderer Menschen oder ihre eigenen Identitätsprobleme mit mir und meinem Konflikt gar nichts zu tun hatten, das hatte ich zu der Zeit noch nicht verinnerlicht. Aber bis auf diese Ausnahme stellte es nie ein Problem dar, jedenfalls nicht in Partnerschaften.

Es war immer schwierig für mich, den richtigen Moment abzuwägen, um das Thema anzusprechen. Ich versuchte Verschiedenes – mal gleich am Anfang, mal ein bisschen später. Aber es gab offenbar keinen richtigen oder falschen Zeitpunkt … beim falschen Menschen war einfach jeder Zeitpunkt falsch.

Als ich es jetzt ansprach, fehlten ihr erst einmal die Worte, dann lachte sie, schüttelte den Kopf und sprach von Lebenslektionen und davon, dass jetzt alles einen Sinn ergebe. Aber sie konnte mir noch nicht erzählen, warum. Und ich spürte auch, dass sie große Angst hatte. Sie meinte, sie habe am Anfang ein Gefühl gehabt, »*dass da irgendwas ist*«, aber nicht *damit* gerechnet. Ich war jedoch eher davon ausgegangen, dass sie es schon ahnte. Einige Menschen bemerken es sofort, andere auch nach Wochen nicht, den Grund dafür habe ich nie verstanden.

Alles schien in Ordnung erst einmal, dennoch empfand ich die Kommunikation als verändert. Plötzlich gingen wir eher diplomatisch miteinander um. Und eine ihrer Fragen wühlte mich komplett auf: »*Janice, wenn du mich vor zwanzig Jahren schon kennengelernt hättest und diese Gefühle gefühlt hättest, die du jetzt fühlst: Hättest du diese schwerwiegende Lebensentscheidung damals genauso getroffen, wie du es getan hast?*«

Meine Antwort machte mich fertig! Ich entgegnete: »*Nein, ich weiß nicht, ich fühle gerade, dass alles gut ist, wenn wir zusammen sind, und vielleicht hätte es sich vor zwanzig Jahren genauso angefühlt.*« Gab es also doch ein unlösbares Problem mit meiner Geschichte, für sie, für mich selbst und für uns? Ich verwickelte mich langsam in Zweifel, mein Konflikt kochte plötzlich immer mehr hoch. Und ein paar Tage später umarmte mich wieder die alte Verlustangst mit ihren schrecklich kalten Klauen.

Sie rief mich an und erzählte mir *etwas* mehr über sich. In ihrem Leben eskalierte gerade etwas, das mit mir eigentlich nichts zu tun hatte. Die ganze Geschichte verstand ich nicht – aber ich bekam sofort Panik und bezog alles auf mich. Ich konnte das nicht einsortieren, mir fehlte Klarheit, die wollte und konnte sie mir aber nicht geben.

Mein Problem stand direkt vor mir und streckte mir die Zunge heraus: *Hier bin ich wieder, deine Verlustangst! Es wird richtig wehtun und sie wird dich verlassen! Kriegst du auch diesmal die Kurve? Na, wie sieht es aus? Sind richtig tief, diese Gefühle für sie, was? Lust auf eine kleine Kurzschlussreaktion?*

Wenn man loslässt und sich jemandem weit öffnet, kommt man aus der Nummer auch dann nicht mehr raus, wenn es sich als nicht *perfekt* entpuppt, das leuchtet ein, oder? Darum fiel es mir immer so schwer, mich voll und ganz für etwas oder jemanden zu entscheiden. Wenn ich mich jemandem etwas mehr öffnete, konnte ich nicht einfach wieder loslassen, wenn es dann doch nicht passte, sondern musste entweder Hals über Kopf flüchten oder ich klammerte und kämpfte am Ende, bis ich fast kaputtging, so wie in der letzten Beziehung. Wenn man sich dem falschen Menschen öffnet, ist man (aus-)geliefert! Das jedenfalls war meine Angst. Dann liebt man, erträgt alles, aber kommt nicht weg, wird verletzt oder vielleicht sogar selbst verlassen und kaputt zurückgelassen. Letztlich lebten mir andere Menschen in ihren Beziehungen genau das vor – sie kamen nicht mehr voneinander los, aber taten sich weh und schütteten mir ihr Herz aus. Hätten sie mal besser auch einen Fuß in der Tür gelassen, oder? Oder vielleicht hatten sie das ja und hingen genau deswegen fest, weil die Tür schon fast zu war, sie einklemmte und einen anderen Ausgang, der sperrangelweit offen stand, unerreichbar machte. Ich gab doch auch immer generös den Rat: *dass man nur loslassen kann, was man vorher richtig festgehalten hat!* Mir selbst aber gelang das selten, denn ich musste jahrelang aus Beziehungen weglaufen, alles verdrängen oder hing in irgendwelchen Endlosschleifen fest.

Ich hatte nicht viel Zeit, um nachzudenken. Direkt nach diesem aufwühlenden Gespräch erreichte mich die Nachricht einer anderen Frau, die ich vor einigen Wochen in einer Bar kennengelernt hatte, als ich mich noch mit der letzten Krise herumschlug und alles andere als Interesse an Flirts hatte. Sie war gerade – ganz »zufällig« – auf dem Weg in die gleiche Bar wie damals und fragte mich, ob ich Lust hätte, sie später wiederzutreffen. Nur was trinken, nur ein bisschen *quatschen*, natürlich. Und ich sagte auch erst ab. Es fühlte sich falsch an. Nicht das Treffen an sich, aber dieses Gefühl in mir, die Hintergedanken – und es war auch falsch! Doch mein Kopf drängte: *Los, mach, Feigling, was soll sie denn von dir denken.*

Wenige Stunden später trafen wir uns. Ich war überwältigt von ihrer Ruhe und Ausstrahlung, ganz im Kontrast zu meiner inneren Aufgewühltheit. Sie erschien so geerdet und unkompliziert. Meine Verlustangst und meine Unruhe lösten sich in den nächsten Stunden in viel Lachen auf. Es ging mir besser. Es war schön … und sie war auch schön, wichtiges Detail.

Nachts um zwei Uhr, nachdem wir uns verabschiedet hatten, saß ich jedoch auf der Couch und schüttelte den Kopf. Die Verlustangst schien weg, es gab ja nun eine Alternative, zumindest eine Nummer mehr beim Roulette der todsicheren Liebe, auf die ich setzen konnte. Wie grausam, so zu funktionieren! Ich machte das auch nicht zum ersten Mal, hatte mich aber nie so sehr dafür geschämt wie jetzt. Verbindlichkeit und echte Loyalität gab es bei mir also nur gegen Garantien, was für eine Lachnummer. Und was für eine Illusion vor allem, denn meine Verlustangst war nicht wirklich weg, sondern einfach nur wieder in den Hinterkopf gerückt. Sie harrte der nächsten Möglichkeit, um mich zu umarmen, zusammen mit allen anderen Ängsten, die dort noch immer in der VIP-Lounge auf ihren Einsatz warteten, bereits geschminkt und kostümiert. Ich hatte mich noch lange nicht von alten Verhaltensmustern befreit, war aber aus irgendeinem Grund doch bewusster und achtsamer jetzt und ich bemerkte, was hier geschah. Ich schaute nicht gern hin, aber ich war ein Feigling und fühlte mich auch so. Und natürlich konnte ich ihr die Schuld geben. Hätte sie mich nicht so hängen lassen mit der halben Wahrheit und meinen Ängsten und wäre sie gleich von Anfang an ehrlich gewesen … Aber ich war auch selber *schuld,* hatte Unklarheiten nicht angesprochen, um ja nicht den Frieden und die Harmonie zu stören.

Was für ein dummes Spiel. Da sucht man nach Sicherheiten und dem perfekten Partner und immer blinkt das Radar für kleine Widersprüche und Unsicherheiten beim Partner. Aber dann ist man eben nicht im Kontakt mit dem anderen, sondern nur mit sich selbst und den eigenen Ängsten beschäftigt – dann ist es eben kein richtiges Kennenlernen, sondern nur ein Abgleichen mit den eigenen Vorstellungen, dann hat man ein Ziel vor Augen, statt zu fließen und zu entdecken, wie sich alles natürlich zusammenfügt. Mich auf einen Menschen als Ganzes einlassen, nein, natürlich konnte ein Kontrollfreak wie ich das nicht machen, schon aus Angst, dieser Mensch könnte sich nicht auf mich als Ganzes einlassen und genauso unsicher sein. Was man von sich selbst kennt, denkt man immer auch in die anderen hinein. Jemand, der so unsicher ist wie ich und der andere so oft verlassen hat – wen erwartet der denn auf der anderen Seite? Natürlich jemanden, der genauso ist. Und vielleicht trifft man tatsächlich so jemanden, kommt dann aber nicht mehr weg, weil man im anderen mit sich selbst konfrontiert wird.

Wir sind unser Lebensmensch und das
ist unsere Reise. Die Beziehung zu uns selbst ist die
wichtigste Beziehung in unserem Leben.

Ich hatte in Partnerschaften und Begegnungen immer einen Fuß in der Tür, war immer nur so halb *offen,* gab mich immer nur so halb hin und ließ mich nur ein Stück weit auf den anderen ein. Es gab ja noch viele andere schöne Muscheln da draußen in der Welt – wenn ich die nächste fand, begann das Spiel von vorn und der anfängliche Zauber verhüllte wieder das eigentliche Kernproblem. Ich war eine Muschelsucherin auf der Suche nach dem perfekten Muschelgehäuse – das Weiche allerdings, das Verletzliche, das lebendige Ding in der Schale, das war mir eher fremd, genau wie in mir selbst. Wie sollte ich also damit auf der anderen Seite Kontakt aufnehmen können? Und es gelang auch niemandem, meine Schale zu knacken, weil niemand nah genug an mich herankam oder nicht das richtige Werkzeug dabeihatte.

In den letzten Jahren hatte ich begonnen, nach diesem *weichen, verletzlichen Ding in mir* zu suchen, weil mir alles um mich herum immer weniger lebendig erschien, weil ich immer weniger fühlte. Nur noch Extreme, Wahnsinn, *knall und peng* und Schlagzeilen und *hau ruck.* Von Höhepunkt zu Höhepunkt, höher, schneller … und dann gegen die Wand. Und dann fliegt dir irgendwann deine ganze Welt um die Ohren und du stehst nur noch da wie ein Hydrant aus Gusseisen und löschst ständig irgendwelche kleinen Feuerchen, damit du wenigstens beschäftigt bist. Und wenn es mal richtig geregnet hat und alles aus ist, zündelst du wieder und bist kurz Feuer und Flamme für etwas Neues, für jemand anderen.

Der Weg zu meinem weichen Kern begann auf dem Ozean und führte mich tiefer hinein in mein wirkliches Wesen. Auf diesem Weg begann ich, auch die anderen Menschen wieder mehr zu spüren und weniger zu verurteilen; nur in Partnerschaften blieb es schwierig – die waren zu bedrohlich, da kamen mir die Menschen zu nah und zu schnell entgegen. Ich hatte das Gefühl, selbst eine Art Zwiebel-Muschel zu sein, und arbeitete mich Schicht für Schicht zu meinem Kern vor. Freundschaften wurden über die Jahre immer tiefer, sehr tief bisweilen – aber diese Nähe war auch nicht so bedrohlich, denn da konnte ich immer den Hörer auflegen oder abreisen. Ich freundete mich schrittweise auch mit mir selbst an, gerade nach der letzten Beziehung. Am Ende ein Berg von Zwiebelschalen und viele Tränen. Ich war zwar noch nicht ganz im eigenen Kern angekommen, konnte aber wenigstens wieder weinen. Nur eben noch nicht in den Armen eines anderen Menschen.

Bei ihr jetzt drohte meine Schale ganz zu knacken, nur knapp war ich den Tränen in ihren Armen entkommen. Und gerade noch hatte ich die Kurve gekriegt, mich vor dem völligen Vertrauen *gerettet* und das Gefühl von *Kontrolle* zurückerlangt. Da war endlich jemand, der mich zu verstehen und zu durchschauen schien, bei dem ich mich mehr und mehr fallen lassen konnte, und ich bekam Panik wegen eines einzigen Anrufs und einiger Dinge, die wir noch gar nicht klären konnten, weil wir uns gerade erst kennengelernt hatten.

Vom Igel, der den Hasen umarmte

»»*Liebe ist niemals ohne Schmerz‹, sagte der Hase und umarmte den Igel.*« Dieses Zitat aus dem Internet erreichte mich in der Nacht nach dem Treffen in der Bar auf meiner Couch, eine Freundin hatte es auf Facebook geteilt. Aber etwas daran gefiel mir nicht. Ich erkannte mich selbst im Igel und ich sah vor meinem inneren Auge einen Film ablaufen, in dem sich meine Stacheln in den Hasen bohrten. Fehlte an diesem Zitat nicht etwas Entscheidendes? »*Vielleicht muss Liebe gar nicht wehtun*«, antwortete der Igel und klappte seine Stacheln ein. *Wir sind doch alle irgendwo nur Hasen mit Stacheln.*

Wenn ich es ehrlich meine und mich entwaffne – womöglich klappt der andere ja dann auch seine Stacheln ein. Und wenn mir jemand wehtut, waren meine eigenen Stacheln vielleicht doch noch irgendwo aufgestellt.

Wie war das früher bei mir?

Nach ein paar schmerzhaften Stichen von Menschen, denen ich vertraut hatte, nahm ich irrtümlicherweise an, dass in der Welt nur noch gefährliche Igel im Kostüm eines unschuldigen Hasen herumlaufen, vor denen ich auf der Hut sein musste – wobei es sich meist eher um Hasen mit Stachelkleid handelte. Deshalb legte ich mir selbst ein Stachelkleid um meine Gefühle, als Schutzpanzer und Waffe in einem. Und ich konnte damit oft schneller stechen als die anderen – meine Stacheln standen immer unter Spannung, wie ein Klappmesser, sicher ist sicher! Wenn mir jemand zu nahe kam und ich auch nur die kleinste Unsicherheit und Bedrohung verspürte, konnten meine stacheligen Gedanken und Verhaltensmuster beim anderen ein Blutbad anrichten. Aber eine Beziehung und gerade das Kennenlernen bedeuten zunächst ein abenteuerliches Wandeln zwischen Unsicherheit und Vertrauen, bei dem der Partner durchaus einmal die Stacheln aufstellt und damit unbewusst seine Verwundbarkeit, seine Ängste und Grenzen aufzeigt. Und entsprechend oft verletzte ich den anderen in meiner Nervosität und Ungeduld, manchmal schon präventiv. Danach igelte ich mich umgehend ein, um mit dem Schwung der heftigen Gegenreaktion für immer davonrollen zu können. Weit weg.

Mit jedem Stich meiner Stacheln bestätigte ich mir darüber hinaus selbst, dass zu viel Nähe und zu viele Gefühle immer wieder wehtun werden – meine Partner und Partnerinnen litten letztlich darunter und sie bluteten mir gewissermaßen stellvertretend vor, was mir selbst unter keinen Umständen noch einmal im Leben geschehen durfte: Niemand sollte mich je wieder verletzen ... oder mir zeigen, wie verletzt ich bereits war.

Wir sind nicht das, was uns zugestoßen ist,
wir sind, wie wir damit umgehen. Und wir können alte
Erfahrungen durch neue überschreiben.
Doch dazu müssten wir raus aus unserem Kokon.
Wir müssten uns der Angst vor dem Fliegen stellen,
die der Entfaltung des Neuen im Weg steht.

Irgendein Anlass fand sich immer, um zuzustechen und auf meiner Einbahnstraße in die Einsamkeit davonrollen und flüchten zu können, und es brauchte immer weniger, damit mir die Kopfstacheln zu Berge standen. Ich suchte regelrecht, schon ein kleiner Makel genügte, eine wunde Stelle beim anderen, die mich an die eigene Verletzlichkeit gemahnte und mir die Angst bis in die Stachelspitzen trieb. *Bloß weg hier!* Mit zutiefst menschlichen Ängsten und der Verwundbarkeit, die mir die anderen widerspiegelten, wollte ich Super-Igel nichts mehr zu tun haben.

Meine derart nervösen Stacheln aus Gedanken klappte ich, schon um Kraft zu sparen, irgendwann erst gar nicht mehr ein und so konnte ich mir auch selbst nicht mehr nahe sein, geschweige denn: mich sanft in den Arm nehmen. Ich stach mich ständig an mir selbst.

Ich igelte mich in meinen Gedanken ein, zeigte der Welt damit aber auch, was für ein kluger, starker und wehrhafter Igel ich geworden war – rollte ein bisschen mit meinem beeindruckenden Stachelkleid durch die Gegend, hinterließ überall *Eindrücke* und drehte mich dabei doch nur noch wie ein Kugelkreisel um mich selbst.

Gerieten die Hormone in Beziehungen wieder für ein paar Wochen oder Monate ins Wallen und kam ich, wie von Zauberkräften aus Komplimenten und Bestätigungen neu beseelt, wieder auf die Beine, stürzte ich mich Hals über Kopf in die Hoffnung hinein, dass mit dieser Begegnung endlich alles anders werden würde. Bis auf wenige neue Erfahrungen, die ich sammelte, blieb aber stets alles beim Alten: Ich konnte und wollte mein Stachelkleid nicht ablegen.

Ich war einsam, aber selten allein. Wenn ich trostlos und eingeigelt dalag, erschien mir jede kleine Berührung, die zu mir durchdrang, sogleich wie eine Supernova. Alles passierte dann viel zu schnell beim weiteren Kennenlernen, damit ich viel zu lange brauchte, um einzusehen, dass es gar nicht passte, oder wieder zustach, weil ich unter Stress geriet.

Ich gewöhnte mich daran, immer verschlossen zu sein. Was dann vielleicht noch wehtat, war die Einsicht, dass ich immer weniger fühlen konnte. Dass ich zu verkopft geworden war, zu unruhig, zu ungeduldig für tiefere Gefühle, die sich langsam und sanft bestimmt hätten entwickeln können. Mit diesem Verhalten war keine echte Sicherheit und Kontrolle gewonnen, aber die Geborgenheit und die Gefühle wurden im Hirnroulette verspielt. Alles auf Rot! – »Rien ne va plus!«, nichts geht mehr. Schwarz gewann immer.

Da wollte ich mit meinem Lebensmenschen immer ans Ende der Welt, stand aber am Ende wieder allein vor dem Briefkasten und sichtete die Rechnungen und die Liebesbriefe, in denen um eine letzte Chance gebeten wurde, meist vergeblich.

Das Herz schlug einfach weiter hinter den Knochengittern im Brustkorb. Ab und zu meldete es sich vielleicht, wenn es mal unüberschaubarer wurde in so einem ganz überschaubaren Leben.

Schlimmstenfalls hocken wir irgendwann nur noch vor der Glotze oder vor dem Computer, da bekommen wir zu sehen, was wir wollen, da informiert uns etwas über die Welt, wenn schon keiner mehr wirklich mit uns spricht – da können wir unsere Meinung kundtun, wenn uns schon keiner mehr richtig zuhört. Und wenn es langweilig wird, wechseln wir das Programm oder die Website. Das Leben, die Liebe, überall sonst finden sie statt: in Fernsehfilmen, auf Facebook und irgendwo in der Küche hing vielleicht ein ausgedrucktes Zitat des Dalai Lama. »*Wir leben, als würden wir nie sterben. Dann sterben wir, ohne wirklich gelebt zu haben*« oder »*Widme dich der Liebe und dem Kochen mit ganzem Herzen*«.

»Der Krug geht so lange zum Brunnen, bis er bricht« – ein Igel rollt so lange davon, bis er sich selbst einholt und gegen den Spiegel der Tatsachen kracht. Irgendwann ist jeder Igel zu müde, um sich vor gefährlichen Begegnungen zu schützen. Dann verhungert er entweder langsam an der eigenen inneren Leere oder er frisst in der Not die Brotkrumen, die man ihm als Liebe hinwirft. Vielleicht wirft er sich sogar anderen zum Fraß vor, um nicht völlig zu vereinsamen. Einem gerissenen Fuchs vielleicht oder einem hungrigen Wolf.

Dann dreht sich die vermeintliche Liebe weiter im Kreis der Verletzungen und jeder dreht sich auf seine Art und Weise doch nur um sich selbst – die einen stechen, die anderen beißen.

Da saß ich nun auf der Couch und meine Stacheln zitterten nervös … Was tun? Abwarten? Diese Begegnung in der Bar verschweigen und schauen, was passiert? Oder mich besser aus der Beziehung komplett zurückziehen und mein Herz wieder verschließen?

Ich hatte eine entsetzliche Angst davor, jetzt einen Fehler zu begehen! Ich fürchtete mich davor, ihr die Wahrheit zu sagen, weil das wohl erst recht dafür sorgen würde, dass sie verschwindet und dass ich sie verliere. Ich hatte eine andere Frau getroffen, sie hätte Grund genug, um alles zu beenden – und ich wusste, dass sie konsequent sein kann.

Ich hätte nichts davon sagen *müssen* oder jede Schuld und Verantwortung von mir weisen können, aber wozu? Wenn wir überhaupt noch eine Chance haben sollten, dann musste ich ehrlich sein, mit allem, ohne Rechtfertigung, ohne Schuldzuweisungen. Einfach klar sein. Also nahm ich meinen ganzen Mut zusammen, griff zum Telefon und wählte ihre Nummer.

Im Zweifel die Wahrheit?

Ich erzählte ihr, was passiert war. Alles. Vor allem erklärte ich mich, meine Angst, meine Gefühle dabei, meine Unsicherheiten, auch viele ihrer Widersprüchlichkeiten, die mich irritiert hatten. Ich wollte doch nur … und eigentlich ist doch gar nichts passiert … und überhaupt …

Sie legte auf. Zwei Minuten später erreichte mich noch eine Nachricht, dass ich mich nie wieder melden solle. *Das war dann ja mal super gelaufen mit der Wahrheit.*

Die Beziehung schien eine Sackgasse, dieses Buch hier schien eine Sackgasse, die Liebe schien eine Sackgasse. Ich ging ins Bett und heulte ein Handtuch voll und schrie ins Kopfkissen. Gar nichts hatte sich verändert und am schlimmsten war dieses Gefühl, dass mein ganzes Leben trotz all der *Erfolge* eine einzige Sackgasse war. Weil ich vielleicht doch vor zwanzig Jahren falsch abgebogen sein könnte. Warum nur werde ich nicht glücklich und finde keine Beziehung, die wirklich funktioniert? Gibt es keinen Weg für mich?

Ich war wütend, auf sie, auf mich, auf dieses ganze anstrengende Leben.

Wie konnte sie mich einfach so stehen lassen!

Ich bin so, wie ich bin. Und ich bin auch die Summe aller meiner Ängste und schlechten Erfahrungen in vorangegangenen Beziehungen. Wenn ich mich jetzt als Erwachsene einem anderen Menschen in einer neuen Beziehung öffne und in dieser Begegnung wieder mit meinen Ängsten konfrontiert werde, dann kann ich auch erwarten, dass er mich respektiert und mir bewusst und rücksichtsvoll begegnet – dass er meine Grenzen kennenlernt und achtet, bevor er über sie urteilt oder sie überschreitet. Die einzigen Menschen, die meine Grenzen wirklich überschreiten können, das sind außer mir selbst nur diejenigen, von denen ich mich nicht abgrenze und denen ich es erlaube.

Warum soll ich mein Sein, meine Zeit, meine Gefühle in eine Partnerschaft investieren, in der meine alten Verletzungen wieder aufkommen, wenn sich mein Partner nicht auf mich einlassen möchte und mir nicht dabei hilft, meine Ängste durch Gewissheit und Vertrauen zu ersetzen? Nur wer nicht liebt und nicht mitfühlt, lässt zu, dass Angst einen Raum erfüllt, den eigentlich Geborgenheit, Vertrauen und Liebe einnehmen sollten. Wer etwa Ängste in Form von Eifersucht und Verlustangst als Beweis und Bestätigung der Liebe seines Partners braucht, um selbst *gefahrlos* zurücklieben zu können, der verwechselt Liebe mit einem Handel und die Beziehung wird zu einem schlechten Geschäft für alle Beteiligten. Die Nachfrage nach Wahrhaftigkeit und Bedingungslosigkeit steigt immer mehr, das Angebot jedoch sinkt. Am Ende ist für jede kleine liebevolle Geste ein außerordentlich hoher Preis zu zahlen.

Ich war voller Angst und fühlte mich unfrei – was konnte ich in dieser Situation tun, wo Angst das Gegenteil von Liebe und Freiheit darstellte? Ich sollte mir meine Fesseln bewusst machen und meinen Partner direkt damit konfrontieren – ich sollte zeigen, wer ich bin, mit meinen hellen und dunklen Seiten. Lässt er sich auf mich ein, hilft dabei, auch meine Zweifel und Ängste zu reduzieren, so ist eine gesunde Beziehung möglich, die wachsen kann und freier macht. Kann oder will er sich nicht für mich und ein gemeinsames Wachstum entscheiden, macht er mich klein und noch ängstlicher, weil ihm das Bewusstsein fehlt oder die Motivation, selber frei zu sein, dann muss ich für uns beide eine Wahl treffen. Reiche ich ihm nicht und kann ich nicht mit ihm wachsen, heißt das nämlich nicht, dass ich zu wenig bin, wie ich immer fürchtete, sondern womöglich bin ich ihm eher zu viel in seinem Gefängnis. Dann helfe ich auch ihm, wenn ich mich abgrenze, mich von ihm trenne, sodass er jemand anderen finden kann, *der ihm reicht,* an den er andocken kann, um vielleicht mit ihm zu wachsen. Ich habe keinerlei Verantwortung für das Lebens- und Liebesglück eines anderen erwachsenen Menschen, entweder ich reiche ihm oder ich reiche ihm nicht. Ich bin aber sehr wohl verantwortlich dafür, dass er mit mir nicht noch unglücklicher wird, weil ich die Verantwortung für mein eigenes Leben auch nicht so recht übernehmen will. Ich bin nicht hier, um das Gefängnis anderer Menschen zu schmücken oder mich klein machen zu lassen, damit sie sich größer fühlen können.

Beziehungsängste wirken nur in Beziehungen mit anderen Menschen, sie sind ja auch erst in Beziehungen zu anderen entstanden. Wenn ich allein bin, habe ich keine Verlustangst – wenn ich allein bin, fürchte ich mich nicht davor, von einem Menschen abhängig zu sein oder im Strudel der Gefühle die Kontrolle zu verlieren. All das wird erst in der Bindung oder im Wunsch nach Bindung zu einem anderen Menschen reaktiviert. Dann lässt es sich aber auch wieder bewusst erfahren und darin liegt die Chance, alte Erfahrungen und Verhaltensmuster durch neue zu überschreiben oder sich besser abzugrenzen und die eigene Freiheit und Stärke wiederzuentdecken.

Ich versuchte, mich damit abzufinden, dass ich wieder gescheitert war. Zwar erkannte ich, dass die Ursache nicht bei mir allein lag, aber aus irgendeinem Grund zog ich immer wieder Menschen an, die meine eigenen Zweifel und Unsicherheiten spiegelten und oft verstärkten. Auf der einen Seite wollte ich einfach geliebt werden, so wie ich bin, auf der anderen Seite fühlte ich mich selbst wie ein einziger Makel, der es nicht verdient, geliebt zu werden. Mit einer inneren Zerrissenheit suchte ich die Bestätigung für beides. Und dann dachte ich noch dies und das, aber genau genommen vermisste ich sie jetzt einfach nur schrecklich. Warum nur hatte sie mich gefragt, ob ich mich damals mit ihr an meiner Seite anders entschieden hätte, warum zur Hölle malträtierten mich jetzt diese furchtbaren Bilder des Komplettversagens?

Ohne Ehrlichkeit
kein Weg

Ich bekam diese Frage einfach nicht aus dem Kopf: *Hätte ich vor zwanzig Jahren tatsächlich die gleiche Lebensentscheidung getroffen, wenn sie als Partnerin an meiner Seite gewesen wäre? Wäre mir das Herumirren erspart geblieben?*

Ich drehte mich immer tiefer in diese Gedankenspirale hinein. Ich wollte da nicht hinschauen, und doch, ich konnte nicht wegschauen. Die Vorstellung, einen Fehler gemacht zu haben, quälte mich, weil ich den Gedanken nicht ertrug, dass es so einfach hätte sein können, ohne zwanzig Jahre voller Kämpfe. Alles andere war in dem Moment vergessen, die ganzen Gründe – die vielen Jahre, in denen ich diese Entscheidung abgewogen hatte, um sie dann zu treffen, als sich kein anderer Ausweg mehr fand. Auch hatte ich völlig vergessen, wie glücklich ich war, als ich endlich diesen Weg gehen konnte. Wie viel ich damals wieder fühlte, wie ich mich spürte, wenn ich jeden Tag mit dem Fahrrad am Neckar in Mannheim entlangfuhr und einfach vor Freude weinte. Jetzt waren nichts als Zweifel geblieben, das stimmte. Das Gefühl, einen Fehler gemacht zu haben, hatte sich mit jeder neuen Beziehung verstärkt, eben weil ich immer verkopfter wurde und mich für immer weniger liebenswert hielt. Und nun öffnete ich mich einem Menschen tiefer als jemals zuvor und es stiegen noch mehr Zweifel in mir auf … es war hoffnungslos.

Die Wahrheit ist eben die Wahrheit, ohne Ehrlichkeit gerät jeder Weg zum Irrweg oder Umweg. Und Lügen enden immer in einer Sackgasse. Ich musste mich dem stellen, was da hochkam, diesen Gefühlen und Zweifeln. Frau, Mann, beides, nichts … Dann hatte ich eben auf Rot gesetzt statt auf Schwarz, nach bestem Wissen und Fühlen, wenigstens hatte ich so bis heute überlebt … Und am Ende gewinnt Lila, kann passieren.

Schickte mir etwa das Universum seit zwanzig Jahren all diese Menschen und Lektionen, die mich immer weiter in meinen Konflikt hineintrieben, damit ich endlich den Mut finde, mich der Frage nach einem Fehler zu stellen? Das ergab doch keinen Sinn! Warum konnte mir das Universum nicht gleich vor zwanzig *verdammten* Jahren den einen, richtigen Menschen schicken oder mir einen anderen Weg offenbaren? War das alles ein grausamer Witz? Eine große Verarsche? Damals hatte ich wenigstens noch eine Wahl: Suizid oder diesen Weg. Jetzt glaubte ich nicht mal mehr an meinen Weg, aber der Rückweg war auch versperrt. *Alles Erreichte ist für die Katz – was nützt mir der ganze Mist, wenn ich nicht mal ich sein kann! Zur Hölle mit diesem komplizierten Leben. Es ist wohl wahr: Findet man endlich eine Antwort, ändert das Universum einfach die Frage.*

Und dann klingelte mein Telefon.

»Hey! … Du … Jeanne … es tut mir leid!«

Sie sagte, ich hätte mit vielem recht – sie habe mich teils bewusst, teils unbewusst tatsächlich versucht wegzuschieben. Spätestens nachdem sie meine Geschichte gehört habe, seien alle Puzzleteile ihres Lebens ineinandergefügt gewesen. Mit einem Mal wusste sie, dass ich die Richtige war, aber ihr eigener Lebenskonflikt – wenngleich ein völlig anderer – riss damit ebenso auf. Sie war voller Angst vor ihren Gefühlen, fürchtete, sich zu verlieren und nicht mehr ohne mich sein zu können. Es ging uns beiden so – und wenn eine Seite sich nicht öffnet, zweifelt die andere und bleibt ebenfalls zu.

Erst jetzt erzählte sie mir über ihren ganzen Lebensweg und löste alle Unklarheiten in mir auf. Ich wollte das alles kaum glauben, so etwas konnte sich keiner ausdenken. Ihre Geschichte gehört hier nicht ins Buch, aber erst zusammen mit meiner Geschichte war diese Begegnung ein … ja, ein Wunder! *Topf und Deckel* … und ich dachte, ich bin eine rechteckige Bratpfanne, für die es keinen Deckel geben kann. Es ging nicht mehr um Heirat oder Ewigkeit oder so, es war nicht mehr wichtig, was die Zukunft bringen würde, all das blieb ungewiss und es spielte überhaupt keine Rolle mehr. Aber was jetzt passierte und was jetzt überhaupt erst passieren konnte, darum ging es. Sie hatte Angst, sich zu öffnen und ihre Gefühle zuzulassen, genau wie ich – das war alles zu viel und ihre Pläne waren eigentlich so ganz anders gewesen. Mit uns hatten wir wahrlich nicht gerechnet. Sie hatte sogar *gehofft,* dass ich weglaufe und richtig *Mist* baue, damit die Wahrheit sich noch mal vertagen ließe. Aber ich lief nicht weg, jedenfalls nicht ganz. Wir verabredeten uns für in vier Tagen.

Mein Kopf wusste nicht mehr, was er denken sollte. Wie konnte das passieren? Wie konnte es sein, dass zwei Menschen mit so *irren* Lebenswegen sich auch noch begegneten? Das war bestimmt kein Zufall!

Doch dann lief der Horrorfilm in meinem Kopf wieder an. *Du wirst nie wieder normal sein können, Rumpelstilzchen! Du bist auch keine richtige Frau, du kannst ja nicht mal Kinder bekommen. Und schau all deine Narben und Macken an, du bist weder schön noch liebenswert. Du hoffst mal wieder auf Frieden, aber du schaffst es nicht, das Theater hört nie auf!*

Warum wiederholten sich in meinem Kopf solche Sätze, mit denen mir andere einmal wehgetan haben – warum suche ich selbst in jedem Moment die Bestätigung meiner Makel, um dann den angerichteten Schaden wieder mühsam reparieren zu müssen?

Zum Schreiben kam ich so nicht mehr und der Termindruck half mir auch nicht weiter, also versuchte ich, mir keinen zusätzlichen Stress zu machen. Was nützte mir in dieser Situation ein fertiges Buch? Ich wollte alles geben, war aber am Limit – mehr ging nicht. Und dann ließ ich alle Gedanken kommen, es waren ja nur Gedanken. Es gab keine Denkverbote mehr. *Ja, dann war es eben ein Fehler, mein ganzes Leben, scheiß drauf! Was wir denken, ist die eine Sache, richtig kompliziert wird es erst, wenn wir alles glauben, was wir denken.*

Ich wandelte wie ein Zombie durch mein Apartment. Dieses seltsame Gefühl im Solarplexus, es ging einfach nicht weg. Wie kurz vor einer Panikattacke und vor dem Erbrechen zugleich. Mein ganzer Körper schien zu vibrieren, mein Kopf brummte – und ich meine wirklich: brummen, wie ein Frequenzgenerator. Ich versuchte, alle Gedanken und Gefühle kommen und gehen zu lassen. Mich an nichts zu klammern. Was an Zweifeln in mir war, war eben da. Was an Hass in mir war, war eben da. Ich wusste doch, dass sich irgendwo im Hinterkopf auch das Gegenteil versteckte. Dieser Terror würde nur aufhören, wenn er gefühlt und zugelassen wurde. *Vielleicht geht er ja, dieser Zweifel, wenn ich mich genau mit dem konfrontiere, was ich nicht anschauen will, was hoffnungslos erscheint und mir Angst macht,* dachte ich. *Es sind doch nur Gedanken und Gefühle!*

»Lasse die Gedanken kommen, lasse sie gehen, aber serviere ihnen keinen Tee.«

So heißt es im Zen-Buddhismus. Ich versuchte es damit, so gut es mir eben gelang.

*Was wir denken, ist die eine Sache,
richtig kompliziert wird es erst, wenn wir alles glauben,
was wir denken.*

Und dann kamen hinter dieser Verzweiflung, hinter all den hässlichen Schuldgefühlen und Ängsten die anderen Bilder wieder hoch, die ich lange nicht mehr gesehen und vor allem nicht mehr gefühlt hatte. Die vielen Jahre, die ich mich quälte, um Frieden zu finden – plötzlich erinnerte ich mich daran, fühlte wieder, wie ich damals gefühlt hatte. Hinter dem Zweifel öffnete sich ein anderer Raum, viel größer, und er war voller Gründe und Gefühle, aus denen heraus ich diesen Schritt vor zwanzig Jahren gewagt hatte. Die Angst, etwas falsch gemacht zu haben, macht blind für das Richtige und sperrt uns in der Vergangenheit ein, das erkannte ich jetzt. Sich ständig zu fragen, was man früher vielleicht anders hätte machen sollen, hindert uns eben gerade daran, für die Zukunft etwas zu ändern. Ich konnte meine damalige Verzweiflung gar nicht mehr sehen vor lauter Selbstvorwürfen und Enttäuschungen. Es war nicht nur eine Entscheidung gewesen … diese Entscheidung bildete das Ende eines sehr langen Entscheidungsprozesses, es gab keinen anderen Weg.

Meine Zweifel jetzt rührten nicht daher, dass ich mich damals für diesen Weg entschieden hatte. Meine Erwartungen waren schlicht zu hoch gewesen und ich haderte damit, dass sich nicht schnell genug alles zum Besseren veränderte, sondern ständig neue Hürden vor mir auftauchten. Ich hatte geahnt, es würde schwer werden, wie anstrengend dieser Weg aber tatsächlich war, das konnte ich eben erst begreifen, als ich ihn ging.

Nein, ich konnte überhaupt nichts falsch machen. Im Rückblick, wenn wir die Konsequenzen kennen, neue Erfahrungen gesammelt und andere Schlüsse daraus gezogen haben, erscheinen uns frühere Entscheidungen womöglich als falsch. Aber gerade das lehrt uns auch, dass wir eben nicht stehen geblieben, sondern inzwischen gewachsen sind. Und so sollten wir weiter in die Zukunft wachsen und uns nicht an Schuldgefühle klammern, die uns in den Kerker der Vergangenheit einsperren wollen. Hätte ich damals eine andere Entscheidung treffen können, dann hätte ich es getan! Es gibt kein Richtig, es gibt kein Falsch. Es gibt einfach nur den Weg vor der Nase, den wir gehen. Und ich will vorwärts gehen und nicht rückwärts. Ich kann nicht mit meinen Erkenntnissen von heute die Entscheidungen in der Vergangenheit bewerten, denn ohne diese Vergangenheit hätte ich diese Erkenntnisse heute nicht. Und damals, als ich entscheiden musste, standen sie mir auch nicht zur Verfügung. Also sollte ich mir besser vergeben und Frieden mit meinen Entscheidungen schließen, als weiter diesen hässlichen Gedanken der Selbstverurteilung Aufmerksamkeit zu schenken und sie auch noch zum Tee einzuladen.

Ich bin mehr als dieser Geist und dieser Körper – ich bin dieser ganze Weg, den ich gegangen bin. Und als ob die Wege der anderen Menschen wirklich einfacher wären!

Und weder mein Körper noch der Körper eines anderen Menschen muss irgendwelchen Vorstellungen oder Idealen entsprechen, um liebenswert zu sein. Was hätte ich persönlich davon? Was, wenn meine Brüste in zwanzig Jahren zu hängen anfangen und sich die Falten tief in mein Gesicht graben? Dann wird es auch wieder unbequem in der Schublade *Weiblichkeit 2037*. Wird dann wieder operiert und gecremt und gelasert? Dann sehe ich vielleicht wie neunundsiebzig aus, wenn ich mit achtzig Jahren im Sarg liege, aber was Liebe und Selbstliebe bedeuten, weiß ich dann immer noch nicht.

Egal in welchem Körper ich begraben werde – am Ende ist jedes Ideal ein Gefängnis im Leben.

Wer ich bin?
Ich bin dies und bin das, aber weiß nicht genau, was!
Ich bin dies und bin das!
Ich bin!
Ich!

Ich bin das Wunder und der Frieden hinter diesen Fragen und Antworten – hinter allen Meinungen, Wertungen, Urteilen und Eigenschaften. Ich bin jenseits von richtig oder falsch, von gut oder schlecht. Und dort finde ich auch alle anderen erst wirklich wieder – sie sind nämlich genauso wie ich. Ich bin dieses Bewusstsein hinter den Sinnen und Gedanken. Wer hört den Gedanken denn zu, was schaut da durch diese Augen? Kann es überhaupt ein Wort dafür geben, ein Konzept, eine Schublade?

Keine Welle, keine Wolke denkt sich in eine Schublade hinein. Jede Wolke ist anders und jede ist trotzdem auf ihre Art *vollkommen*. Ob Wolken sich untereinander als dick oder dünn, als erfolgreich oder erfolglos titulieren? Ob wohl die Schäfchenwolke zur Regenwolke sagt: *Hey, du bist einfach zu grau?* Kritisch wird es, wenn die weiße Schäfchenwolke sich mit Regenwolken vergleicht, nicht regnen kann wie sie, aber meint, jetzt regnen zu müssen. Und mit dem Vergleichen beginnt der ganze Ärger, mit diesem Gefühl von Mangel und Konkurrenz. Die Schäfchenwolke bemerkt gar nicht, dass sie eigentlich für schönes Wetter gemacht wurde, nicht für den Regen. Und dann kommt der Regen und die Schäfchenwolke löst sich auf, für immer, und grübelt bis zum Schluss über ihr sinnloses Leben nach … nicht einen einzigen Regentropfen hat sie hinbekommen.

Egal wer wir sind – es gibt Umstände, in denen wir endlich glücklich und im Frieden sein dürfen, genau so, wie wir sind. Und diese Umstände fügen sich von selbst – dein Weg findet dich, meiner mich und manchmal treffen wir uns. Wenn wir ehrlich und wahrhaftig sind, aufhören, ständig woanders hinzuwollen, nur weil sich der Kopf dreht und brummt und denkt, dass es dort *im heiligen Woanders* besser ist. Jeder Widerstand im Leben ist ein Geschenk, er zeigt uns, dass wir in die falsche Richtung laufen, weg von unserer wahren Natur, von unserer eigenen Wahrheit. Dann sollten wir hinschauen, auch den Schmerz fühlen, damit die Lügengedanken wieder schweigen. Angst hält sie nämlich am Leben. Und es war Angst, die ihnen erst Leben eingehaucht hat. Hinter der Angst, nicht liebenswert zu sein, nicht schön oder erfolgreich genug, versteckt sich die Angst des Kopfes, die wahre Größe und Schönheit nicht begreifen zu können und mal schweigen zu müssen, aber das Erleben der Wirklichkeit ist auch nicht seine Aufgabe.

Wir sind viel schöner und liebenswerter, als wir jemals denken können. Die Wirklichkeit kann nicht gedacht, sondern nur erfahren werden.

Ich sehe dich

Was dann geschah, kann ich nicht im Detail verstehen, ich kann versuchen, es zu erklären, aber letztlich geht es gerade darum, dass ich nicht mehr alles erklären muss.

Das Erste, was ich bemerkte, passierte im Badezimmerspiegel. Meine Wahrnehmung von mir selbst veränderte sich. Und das stündlich. Was ich da endlich sah und immer mehr sehe? MICH!

Mehr nicht. Da ist kaum Frau, kaum Mann, da ist wenig dünn oder dick. Ich bin nichts davon oder irgendwie alles durcheinander. Aber selbst das trifft es nicht wirklich. Mein Kopf kann da nicht mehr mit. Mein Gesicht zum Beispiel: Da ist jetzt alles drin … auch ein Kind, ein Junge, ein Mädchen, Frau, Mann … so viele Facetten.

Und dann stehe ich da und denke mir: *Männlich oder weiblich – schön, hässlich – es ist doch einfach egal!* Muss mein Selbstbild für mich wirklich in eine Schublade passen, ob da nun Mann, Frau, Transgender, Transsexuell, Intersexuell, Androgyn, Y-Frau, Queer, Transvestit, Lesbisch, Bi oder Schwul oder was auch immer draufsteht?

ICH BIN ICH – DU BIST DU und darin sind wir eins. Alles andere dient nur der Aufrechterhaltung des *öffentlichen Friedens*, aber nicht unseres Friedens – und verhindert Chaos in den Schubladen der Menschenköpfe und den Aktenschränken der Ämter.

Sogar im griechischen Götterhimmel brachte die zweigeschlechtliche Agdistis alles durcheinander. Die anderen Götter fürchteten sich und stellten Agdistis daher vor die Wahl, sich für ein Geschlecht zu entscheiden oder getötet zu werden. Aber Agdistis hatte doch Frieden, wollte sich nicht entscheiden. Und kein Gott wollte das Blut eines solchen Wesens an seinen Händen kleben haben – denn nicht einmal die Götter waren sich sicher, welchen Fluch und welches Chaos das nach sich ziehen würde.

Ja, dann eben *Frau Jakait,* sei es drum. Aber für mich selbst ergibt das keinen Sinn mehr. Lippenstift, Rosa und Puppen auf der einen Seite, Kriegsbemalung, Blau und Spielzeugautos auf der anderen, das hat mit dem Geschlecht selbst nichts zu tun, sondern mit der Identität, mit Rollenbildern und Stereotypen, die dem Kollektiv dienen, aber nicht dem Individuum. Das Gleiche gilt für alle Schubladen.

Ich mochte halt Blau und Rosa, und nun? Ich mochte meinen Körper nicht, sondern den andern … so etwas passiert. Ich mochte damals keine Hosen, sondern Kleider, und jetzt mag ich wieder Hosen. Ist doch alles da, kann man doch alles kaufen und alles machen heute.

Nur, das scheint eben für die anderen nicht okay zu sein. Erst nannten sie mich ein Weichei, einen Streber – irgendetwas war ja immer falsch an mir –, und dann passte ich mich an und wurde plötzlich aber als krass und als dumm bezeichnet. Kann man es anderen, die sich nicht wirklich auf uns einlassen wollen, überhaupt recht machen? Und wenn ich fliegen könnte, fände sich noch einer, der mich für dumm hält, weil ich nicht wie er die Treppen nehme.

Wenn das Selbstbild von der Meinung der anderen abhängt, wenn man nun mal anders ist und in keine ihrer Kategorien passt, kann man auch kein stabiles Selbstbild entwickeln. Aber ist es wirklich ein Nachteil, anders zu sein? Ist das nicht gerade die größte Chance, dieses Selbstbild im Kopf auseinanderzureißen und sich endlich davon zu befreien, damit man einfach sein kann, so wie man eben ist – mit zwanzig, mit dreißig und auch noch mit neunzig Jahren?

Um Frieden zu finden,
müssen wir nicht nur die Umstände ändern,
sondern auch unsere Einstellung.

Alles, was wir einsortieren können, scheint uns zu beruhigen. Etwas ist dann eben so oder so. Ist aber etwas mit dem Verstand nicht einzuordnen, nicht ganz schwarz, nicht weiß, nicht richtig, nicht falsch, dann bekommen wir Angst. Aber damit ängstigen wir uns doch auch vor uns selbst, vor der eigenen Besonderheit, vor dem unbeschreiblichen *Wunder* der Schöpfung. Alle Wunder, und damit auch das Wunder der Liebe, warten am Ort jenseits von richtig und falsch, jenseits aller Vorstellungen. Wir müssen allerdings die kleine Welt im Kopf dafür verlassen. Zurück zu unserem Ursprung gehen. Zurück zum inneren Kind – das jetzt aber nicht mehr dumm und naiv sein muss, sondern mit einem mächtigen Werkzeug daherkommt, wenn es richtig benutzt wird: nämlich unserem Kopf. Er sollte ein Werkzeug sein, nicht Richter und Henker über unser Schicksal oder unsere Identität – ein Problemlöser, der konkrete Probleme löst und sich nicht noch neue erschafft.

Alle Vorstellungen sind in unserem Kopf – aber das, was wir wirklich sind, kann nicht in den Kopf passen. Dort zerschneiden und zerstückeln wir es, verbiegen und formen es zu etwas Abstraktem, zu einem äußerst beschränkten Gedanken. Aber die Wirklichkeit ist keine Summe an Gedanken, wir Menschen sind keine Summe aus Gedanken, egal wie viele, egal wie kluge, wie schöne, wie komplexe Gedanken es auch sind. Nichts davon sind wir. Wir sind das, was diesen Gedanken zuhört und sich leider dabei »vergisst«. Vor 13,8 Milliarden Jahren ereignete sich der Urknall und auf wundersame Weise verbanden sich Elementarteilchen zu Sternen, die *Sternenstaub* erbrüteten, der sich zum Menschen fügte. Und jetzt sind wir nur noch Herr oder Frau Bauer aus der Sonnenstraße 5c, stellen den Wecker auf sechs Uhr morgens und treten um halb acht zur Arbeit an? Das ist doch absurd! Wir schauen durch diese beiden Augen und alles, was wir da sehen, ist »Welt«, »Mensch«, »Ding« … oder Sonnenblumenöl im Angebot für 99 Cent der Liter? Wir schauen einem anderen Menschen in die Augen und alles, was wir da sehen, ist Blau, Grün, Grau, Braun, aber nicht mehr das Funkeln der Sterne darin?

Ehrlich, ist uns wirklich klar, was für ein unglaubliches Wunder wir sind? Jeder von uns! DU! Ich! Wir alle!

Völlig egal welcher Gott uns geschaffen hat oder ob es nun ein Urknall war, der uns da ausgespuckt hat – glauben wir doch, was wir wollen –, aber dass wir jetzt hier sind … HALLOOO! IST DA WER, HÖRT MICH JEMAND?

Haben wir nicht alle langsam genug von dieser Kopfscheiße? Wir haben nur dieses eine Leben, jetzt!, nicht mal das begreift der Kopf – und wenn wir uns isoliert, abgetrennt und nicht im Kontext des Ganzen begreifen, dann fühlen wir uns immer kleiner und bedeutungsloser, ganz gleich wie groß sich unser Ego auch aufbläst. Wir sind ein Wunder unter Wundern in einem Wunder. Alles andere, was wir wissen, mag nett, schön und klug klingen – und Fortschritt und Denken sind hilfreich und praktisch, aber … aber die wichtigste Wahrheit von allen sollte erst mal verstanden werden: dass Gedanken eben nur Gedanken sind und dass Wahrheiten nicht der Wirklichkeit entsprechen. In den Worten von Paul Gamber:

»Es gibt Meinungen, die wir für Fakten halten, und Meinungen, die wir für Meinungen halten.«[11]

Leuchtet man ein brennendes Streichholz mit einer Lampe an, dann wirft zwar das Streichhölzchen einen Schatten an die Wand, nicht aber die Flamme selbst. An der Wand, in der Projektion erkennt man nur einen dunklen Streichholzschatten. Probiert es mal aus! Wir sind wie ein Hölzchen, das brennt – man kann unsere Flamme, unser Licht zwar sehen, aber man kann keinen Schatten davon an eine Wand werfen. Unsere Gedanken sind nur Schatten, Abbilder und Projektionen im Kopf. Wenn das Selbst(ab)bild *verbrennt* – dann entsteigen wir wie ein Phönix aus der Asche.

Was für einen Unsinn ich mir da die ganze Zeit eingeredet habe und mir auch habe einreden lassen! Ich hätte diesen Weg nicht gehen müssen, wenn ich nur früher begriffen hätte, dass ich mehr als nur okay und liebenswert bin, so wie ich bin. Aber das konnte ich ohne diesen Weg nicht.

Erst indem ich meine Fehler beging, konnte ich begreifen, dass vermeintlich katastrophale Fehlentscheidungen auch zur Wahrhaftigkeit und Freiheit führen können. Dass sich vermeintlich Falsches am Ende durchaus als sehr richtig entpuppen kann und vordergründig Richtiges durchaus als äußerst falsch. Nicht unsere Entscheidungen in der Vergangenheit entscheiden über unser Leben, sondern das, was wir jetzt mit den Konsequenzen anstellen. Und sich aus Angst gar nicht zu entscheiden, macht genauso unfrei im Leben, denn dann entscheiden andere über uns: Und dann tragen wir eben ihre Konsequenzen mit.

Dieses Leben jetzt ist die Konsequenz aus allen unseren früheren Entscheidungen; wenn wir es in Zukunft frei und voller Liebe leben wollen, dann müssen wir unseren Frieden mit der Vergangenheit machen. Uns und anderen vergeben und von der Last der Schuld befreien.

Zu Hause!

Mir blieben nur noch wenige Tage Zeit, um dieses Buch noch einmal von vorn zu beginnen und zu Ende zu schreiben. Weil das ohnehin fast nicht zu schaffen war, kam es auf einen Tag mehr oder weniger auch nicht an, beschloss ich. Und diesen Tag verbrachte ich mit ihr.

Das wird ein kurzes Kapitel, dabei geht es um einen der längsten Tage meines Lebens. Es gäbe nicht mal viel zu erzählen, wenn ich viel darüber erzählen wollte – das meiste lässt sich nicht in Worten ausdrücken.

Sie brachte belegte Brötchen mit und das Versprechen, dass wir in zwei Stunden beide vernünftig sein und uns trennen würden, damit ich endlich schreiben kann. Und wir lachten beide darüber.

Wir umarmten und umschlangen uns. In diesem Moment ließ ich alle Gedanken los, gab mich hin und öffnete mich komplett meinen Gefühlen. Ich fühlte mich angekommen, *zu Hause*, bei ihr, bei mir, im Augenblick. Da war ich um die halbe Welt gerudert, hatte überall dort und noch im letzten Winkel meines Hirns nach einem Gott oder einer Göttin gesucht und nach mir selbst und nach dem *Warum?* … um dann am Ende hier bei mir zu Hause in ihren Armen das *Darum!* zu finden – das, was mir eigentlich die ganze Zeit gefehlt hatte.

Dieser unangenehme Druck in meinem Solarplexus, der mich

lange gequält hatte, ließ nach und eine angenehme Frische breitete sich in meinem Bauch und Brustkorb aus – dieses Brummen in meinem Körper hüllte mich in eine sanfte Schwingung und alle Anspannung löste sich darin auf. Ich war so leicht wie eine Feder. Ich fühlte meinen Körper nicht mehr, sondern mein Körper fühlte wieder. Wenn man den eigenen Körper fühlt, ist etwas nicht in Ordnung – wer sein Ohr hört, hat womöglich einen Tinnitus, wer sein Auge sieht, grauen Star, wer seine Zunge schmeckt, ist wahrscheinlich erkältet.

Meine Augen sahen nun wieder, meine Ohren hörten wieder, meine Zunge schmeckte wieder, meine Haut spürte wieder … nicht mehr meinen eigenen Körper.

Alles brach aus mir heraus, der ganze Schmerz. Sicher zwanzig Jahre lang hatte ich vor keinem Menschen mehr geweint, sie hielt mich einfach fest … was für eine Erleichterung, was für eine Geborgenheit und Verbundenheit. Ich konnte mich öffnen und schwach sein, ohne mich wirklich schwach dabei zu fühlen.

Genau das ist die Liebe:
überraschend, unvorstellbar und unvernünftig …
ein Wunder eben!

Genau nach dieser Nähe und Berührung sehnte sich meine Seele in jeder Beziehung – in jeder Begegnung eigentlich –, aber ich hatte völlig an meinen Bedürfnissen vorbeigelebt und -geliebt und genau das nicht zugelassen, was aus mir heraus- und in mich hineinströmen wollte. Diese Erfahrung jetzt riss mir regelrecht ein Scheunentor vor dem Herzen weg. Und das betraf fortan auch das Miteinander mit Freunden und meiner Familie. Das war nicht nur ein Moment und eine Sache zwischen ihr und mir.

Die wenigen Menschen in meinen früheren Begegnungen, die

mein Bedürfnis nach Nähe vielleicht spüren konnten und sich selbst öffneten, schob ich immer fort oder beschleunigte die Annäherung selbst, bis es zur Kollision kam – dann gab es mehr als nur Blechschaden. Ich empfand die sanften Gefühle früher eher als bedrohlich – als Angst, als Druck im Körper, zu stark, zu viel, zu echt, aber eben nicht spektakulär genug für den Kopf. Dann lieber etwas mehr Theater, gleich Sex oder Kichern und Reden. Ich gab dann Gas oder lief gleich weg und jagte lieber wieder anderen Menschen nach, die ebenfalls nicht im Kontakt zu ihren Bedürfnissen und mit beiden Füßen auf dem Gaspedal standen. So viel Theater, so viel Anfassen, so wenig echte Berührung mit dem Herzen und der Seele. So wenig *Aushalten.*

Wer sich und die eigenen Bedürfnisse nicht mehr spürt und seine Gefühle nicht mehr fühlt, wird auch anderen Menschen gegenüber gefühllos und gleichgültig. Egal ob Partner oder Freund. Wenn wir nur im anderen Menschen hinter all den Fassaden von Äußerlichkeiten und Meinungen das wahre, zerbrechliche Wesen, die tiefe Seele erkennen könnten und begreifen würden, dass es sich von unserem eigenen Wesen durch nichts, aber auch gar nichts unterscheidet – dass es nicht einmal getrennt ist, nicht durch den Raum, nicht durch die Zeit, dass wir im Augenblick verbunden und *eins* sind –, was wäre das für eine Welt! Aber das klingt zu einfach für unseren klugen Kopf, zu unspektakulär.

Hätte ich meinen alten Weg ohne Operationen weitergehen können, dann wäre es in meinen Beziehungen nach der ersten Hormonwelle des Verliebtseins und nach irgendeinem biologischen Programm vielleicht bei *gutem,* bei intensivem Sex geblieben, ab und zu jedenfalls, samstags und mittwochs, nach der Sportschau und vor dem Einschlafen. Und ab und zu ein süßes Kosewort … herrje, was weiß ich. Aber da ist so viel mehr! Und ohne meinen zweiten Weg, ohne die Widerstände und Zweifel, hätte ich all das sicher niemals entdeckt und mich zu früh mit dem abgefunden, was ich kannte

und für *normal* erachtete. Damit ich zu meinen ganz eigenen Bedürfnissen und tieferen Gefühlen zurückfinden und erkennen
konnte, dass es keine Rolle spielt, wie jemand aussieht, wie klug er
ist und wie erfolgreich, welchen Körper er hat, welchen Job er macht
und welche Bücher er liest, musste ich meinen Weg gehen und alle
meine fixen Vorstellungen begraben. Und auf diesem Weg begegnete ich mir selbst in meiner wundervollen Fülle fernab meiner begrenzten Gedanken und Wünsche, wer ich stattdessen lieber gern
sein würde und meinte, sein zu müssen.

Und wir begegnen anderen Menschen so, wie wir uns selbst begegnen. Wir sind alle einander nur Spiegel.

Die Zigarette danach

Ich musste immer an meine Grenzen gehen und manchmal darüber hinaus, um mich wieder einmal so richtig spüren zu können. Im normalen Alltag wandelte ich eher wie eine Gefühlstaubstumme umher, die meinte, alles planen und kontrollieren zu müssen. Es brauchte Ziele, Sicherheiten und Garantien, aber bitte keine ungeplanten Abenteuer, keine Überraschungen, außer an den üblichen Terminen wie Geburtstag und Weihnachten. Und am letzten Tag im Jahr dann Silvesterparty und Kontrollverlust. So in etwa. Aber auch im durchgeplanten und überschaubaren Alltag gibt es nie echte Sicherheiten und keine wirkliche Kontrolle.

Alles kann passieren und leider wird jeder irgendwann mit dem Undenkbaren konfrontiert. Vielleicht hat man seinen Lebensmenschen gefunden, wie einige meiner Freunde, und dann ist plötzlich der Krebs da und alle Pläne und Hoffnungen sind umsonst gemacht.

Natürlich begleiten uns andere Menschen auf unserer Lebensreise: Eltern, Partner, Freunde. Die einen bringen uns das Laufen bei, die anderen helfen uns auch einmal hoch, wenn wir schon erwachsen sind, und halten unsere Hand – aber alle begegnen oder verlassen uns früher oder später. Diesen einen Menschen, der für immer zu uns gehört, diesen *Lebensmenschen* oder *Seelenpartner,* den kann es nicht geben. Die Einzigen, die unsere Lebensreise von Anfang bis zum Ende unternehmen, sind wir selbst. *Wir* sind unser Lebensmensch und das ist unsere Reise. Die Beziehung zu uns selbst ist die wichtigste Beziehung in unserem Leben, aber die können wir erst richtig führen, wenn wir erwachsen geworden sind und Verantwortung für uns und unser inneres Kind übernehmen, das einfach neugierig die wirkliche Welt entdecken und etwas erleben will. Es kommt vor, dass diese Beziehung zu uns selbst gerade durch die Begegnung mit anderen Menschen in die Brüche gegangen ist – weil diese Menschen auch keine gute Beziehung zu sich selbst haben konnten und wir ihnen vertrauten oder noch von ihnen abhängig waren. Nur, irgendwann sind wir erwachsen. Dann sollten wir die Zügel unseres Leben in die Hand nehmen, selbst lenken und denken, gut für uns sorgen und uns befreien von alten Fesseln. Und Menschen, die bewusster reisen, die treffen dann eben auch andere Menschen, die bewusster reisen – und zusammen erlebt man einfach mehr. Menschen, die zusammengehören, die finden sich, auch ohne Zwang und Drang. Wenn wir fließen, wird unser Strom ihren irgendwann kreuzen. Doch um zu fließen, braucht es (Ur-)Vertrauen und Mut.

Wo die Angst wartet, die uns einsperrt, da ist auch der Ausgang aus der Angst nicht weit. Er liegt hinter der Angst. Wir können uns entscheiden, uns den Ängsten zu stellen, wir müssen sie nicht wie Adrenalinjunkies suchen, sie kommen von allein auf uns zu, dann, wenn wir uns dem Leben und allen Erfahrungen hingeben, loslassen, uns treiben und überraschen lassen. Im Neuen und im Unplanbaren begegnen wir immer auch der Angst, die unserer Freiheit noch im Wege steht.

Die Angst vor dem Unbekannten und Überraschenden ist letztlich auch die Angst vor dem, was uns überhaupt erst lebendig gemacht hat und woraus wir entsprungen sind: dieses unerklärliche *Schöpfungs-Urknall-Gott-Irgendwas*. Und am Ende sind es doch gerade die überraschenden und unbeschreiblichen Momente, an die wir *Menschenwunder* uns besonders gern erinnern, weil sie uns berühren konnten, im Herzen, nicht im Kopf.

Nehmen wir also einmal an, das Universum ist wirklich 13,8 Milliarden Jahre alt. Die Wahrscheinlichkeit, dass wir jetzt durch Zufall hier gelandet sind, tendiert gegen *null*. Wäre vor ein paar Milliarden Jahren auch nur ein einziges Photon oder Lichtteilchen einen halben Millimeter weiter rechts geflogen, es gäbe nicht einmal unsere Milchstraße, erst recht nicht diesen Planeten. So viel *glückliche* Fügung über Jahrmillionen hinweg, so viel Wunder, das da gerade auf diese Zeilen hier schaut, und dann haben wir wirklich Angst davor, in unserer kurzen Lebenszeit etwas falsch gemacht zu haben oder in dem bisschen Zukunft, die uns bleibt, vielleicht fehlzugehen?

Oft haben wir eine Karotte vor der Nase und denken, nur noch etwas durchhalten zu müssen – nur ein paar Sachen, die es zu erledigen oder richtig zu machen gilt auf dem Weg zur Erfüllung oder eben in eine erfüllte, romantische Partnerschaft, dann wird alles gut! Bald aber, bald kommen wir an, glauben wir. Doch irgendwann sind wir Mitte fünfzig und träumen uns immer noch mit Hollywoodfilmen vor der Realität davon. Das mag den meisten Menschen reichen. Aber reicht es mir?

Um ein altes Gedicht auf Berlinerisch von Kurt Tucholsky[12] mit meinen Worten zu interpretieren:

Wenn der Film im Kino endet,
wird gewöhnlich abgeblendet.
Sie lächeln noch, ein langer Kuss,
dann hat sie ihn, und dann ist Schluss.
Und danach?

Es knistert nicht nur vorm Kamin,
erst wird gestöhnt, bald auch geschrien!
Die Hoffnung bleibt: »Das geht vorbei!«,
doch dann schreien plötzlich drei.
Und danach?

Damit das Kind nur besser ruht,
warme Milch statt heißem Blut –
und ihn besänftigt kühles Bier,
mit seinen Jungs, nicht mehr mit ihr.
Und danach?

Sie würden sich schon gerne trennen,
sich nicht mehr lieben, nur noch kennen.
Doch so ein Kind, das schweißt zusammen,
auch ohne heiße Liebesflammen.
Und danach?

Dann lernt es laufen, bis die Flucht gelingt,
und keiner sich mehr biegt und zwingt.
Dann ist es frei!, doch auf altbekannte Weise
… grüßt immer nur Beziehungsscheiße.
Und danach?

Die Hauptdarsteller unterdessen
hätte ich jetzt fast vergessen!
Sie schweigen ganze Drehbuch-Bände
über so ein ödes Lebensende.
Ein Glück, wer mit dem kleinen Enkelmann
dann ab und zu ins Kino kann.
Und weil ein Märchenfilm gern anders endet,
wird nach dem Kuss schon abgeblendet.

Aber wie kommen wir raus aus den Träumen und Märchenfilmen und schreiben endlich die eigene wahrhaftige Geschichte? Indem wir dem Herzen folgen, nicht so sehr dem Kopf und seinem Kopfkino. »Man sieht nur mit dem Herzen gut«, ließ Antoine de Saint-Exupéry den Fuchs zum kleinen Prinzen sagen. Wir sollten wieder mehr dem Gefühl folgen, demütig sein, vertrauen und uns überraschen lassen, nicht nur den eigenen Gedanken nachjagen mit unseren Plänen und Vorstellungen. Den Verstand sollten wir mitnehmen auf der Lebensreise, aber frei bleiben – uns nicht einsperren lassen in der Welt konkreter, aber abstrakter Vorstellungen davon, wie die Dinge und die Menschen angeblich zu sein haben. Wenn der Verstand durch eigene und neue Erfahrungen wächst und das Bewusstsein sich erweitert, dann wird uns die alte Welt ohnehin sehr schnell zu klein und zu oberflächlich.

Ein Beatles-Song läuft gerade, »The Fool on the Hill«:

Tagein, tagaus allein auf einem Hügel,
der Mann mit dem närrischen Grinsen bewegt sich kein bisschen.
Keiner will mit ihm zu tun haben,
die anderen halten ihn einfach für einen Trottel.
Und er antwortet auch nicht.
Doch der Narr auf dem Berg sieht die Sonne untergehen,
und die Augen in seinem Kopf sehen, wie die Welt sich wirklich
dreht.

… Und seine Augen sehen vielleicht auch die Menschen so, wie sie wirklich sind.

Damit endet meine Geschichte zur eigenen Wahrheit, die sich durch drei Bücher ziehen musste. Alles braucht eben seine Zeit. Erst eine Flucht vor mir selbst, dann die Suche nach spektakulärer Erleuchtung und nach Gott und am Ende finde ich ganz menschliche Werte wie Vergebung, Dankbarkeit und Liebe – und darin: Erfüllung und Sinn. Vielleicht muss man eben doch erst den *Menschen* wirklich begegnen, um (in ihnen) das *Göttliche* zu entdecken.

Die Buddhisten meinen übrigens, auch Samsara sei das Nirwana – dass also dieses Leben hier mit all seinem Leid (Samsara) auch zum All-Einen, zum Göttlichen und zur Liebe, gehöre (Nirwana). Am Ende ist alles einfach so, wie es ist, und darin drückt sich auch die Vollkommenheit aus.

Die Liebe kennt weder Urteil noch Grund oder Ziel. Wir entkommen dem Jetzt nicht, wir entkommen der Wirklichkeit nicht. Egal was wir Großes vorhaben und planen, am Ende ist es eben so, wie es ist – also können wir uns doch etwas mehr hineinfallen lassen in das Erfahren und Erleben der Gegenwart, uns wieder mehr überraschen und verzaubern – und die Vergangenheit, die Zukunft, aber auch uns selbst und andere vielleicht öfter mal in Ruhe lassen.

Wer sich verzaubern lässt, wer wieder mehr fühlt und über sich und die Welt staunt, der geht auch ohne viele Gedanken liebevoller und rücksichtsvoller mit der Welt und allen ihren Geschöpfen um. *Richtig oder falsch* – wohin hat uns das geführt, was hat es aus uns gemacht, immer alles richtig machen und nur keinen Fehler begehen zu wollen?

Jenseits von richtig und falsch, da wartet eben dieser Ort … Vielleicht treffen wir uns alle dort. Irgendwann. Ich würde mich freuen.

Und bis dahin: Liebt wohl!

... und noch etwas Weihrauch

Wer mich kennt, weiß, dass ich es nicht lassen kann. Es muss einfach noch ein Kommentar zur Liebe im Kontext der Erleuchtung folgen, sonst würde ich mir untreu werden.

Selbst Buddhas und Bodhisattvas wechselten immer wieder ihr Geschlecht und ihre Erscheinungsform – so wurde aus einem Avalokiteshvara eben eine Guanyin. Ich mag diese Buddhas besonders gern, deshalb möchte ich auch mit unserem Buddha Siddhartha Gautama schließen. Er sagte vor etwa 2500 Jahren einmal, dass wir hier seien, um das Loslassen zu lernen, erst wenn uns das gelungen sei, könnten wir glücklich werden. Auch meinte er: *Wir leiden, weil wir begehren …* eben etwas anderes als das, was ist.

Was habe ich heute losgelassen? Von welchem materiellen Ballast, von welchem Urteil und von welcher Vorstellung habe ich mich heute getrennt? Man kann ein Ritual daraus machen, der Weg ist dabei das Ziel: Jeden Tag etwas loslassen, sich von etwas trennen, sich stattdessen aber für etwas anderes mehr Zeit nehmen und sich dem bewusster hingeben, was einem wirklich wichtig ist. Der Weg ist ein Üben – Geduld ist der Schlüssel, es geht nur so schnell, wie wir können. Je mehr der Kopf drängelt, umso länger brauchen wir. Am Ende des Weges gilt es, Geduld zu haben, sagen die Weisen. Doch oft wollen wir am liebsten sofort ankommen an unserem Ziel, alles auf einen Schlag verändern – was kümmert uns der Weg. Aber was im Kopf als Zielvorstellung und Hoffnung beginnt, kann auch nur wieder im Kopf als Erfüllung enden. Und der Kopf mag keine Erfüllung, denn dann wäre er arbeitslos. Aus diesem Kopf herauszukommen, die Gedanken loszulassen und jeden Schritt des Weges bewusst zu erfahren, darum eben geht es. Das Leben ist der Weg, es ist nicht nur die Summe aller Ziele, die wir erreichen.

Angeblich kam einmal ein Mann zu einem Zen-Meister und bat darum, ihn auf dem Weg zur Erleuchtung zu unterweisen. Wie lange es dauern würde, fragte er. Da antwortete der Meister: »*Zehn Jahre!*« Dem Mann war das viel zu lang und so fragte er, wie lange es denn dauern würde, wenn er sich wirklich anstrengen und doppelt so schnell lernen und doppelt so hart an sich arbeiten würde. »*Ja, dann*«, antwortete der Meister, »*dann dauert es zwanzig Jahre!*«

Der Weg, das Loslassen zu lernen, dauert so lange, wie wir brauchen, um zu erkennen, dass wir auch das Ziel der Liebe beziehungsweise Erleuchtung loslassen müssen. Wir sind längst da, hier, jetzt – jeder Weg ins Hier und Jetzt ist ein Umweg und Mangel an Klarheit, ein Zuviel an Wissen und ein Zuwenig an Erleben. Wir können nichts tun, als unseren Weg so zu gehen, wie wir ihn gehen. Das ist die große Enttäuschung des Egos. Es gibt keine Kontrolle, wir sind wie Wellen oder Wolken, halten uns nur für besser oder schlechter als den Rest der Natur. Auch das, was wir als freien Willen ansehen, ist letztlich nur die Summe aller Umstände im Universum, die Summe aller Kausalitäten. Freier Wille … ein schönes Wortspiel, ein schöner Widerspruch. Etwas ist frei, wenn es ohne Anstrengung und Wollen passiert, nämlich aus sich selbst heraus. Etwas zu begehren und zu *wollen* macht immer unfrei. Echte Freiheit ist, der inneren Stimme zu folgen, dem Herzen, dem Gefühl, der Intuition. Und natürlich steht das im Widerspruch zu dem, was wir *denken*. Wir treffen Tausende Entscheidungen jeden Tag, ohne darüber bewusst nachdenken zu müssen. Das ist Wille, wenn er frei ist. Dann fließt das Leben zwischen Annehmen und Loslassen.

Das bewusste *Nein!* ist jetzt ein wundervolles Wort in meinem Leben geworden. Aber es erfordert Übung. Das *Nein!* zum Außen und zu seinen Verlockungen und Verstrickungen ist ein klares *Ja!* zu uns selbst. Je schwerer uns das *Nein!* fällt und je mehr wir dabei spüren, dass es doch notwendig ist, umso mehr ist es ein *Ja!* zu uns. So entwickeln wir ein echtes Selbstbewusstsein. Menschen, die uns zu lange binden, materielle Dinge oder alte Überzeugungen, von denen wir einfach nicht ablassen, obwohl sie uns nicht guttun: Sie sind eine große Chance, im Loslassen endlich besonders laut *Ja!* zu uns selbst zu sagen, um Verantwortung für uns zu übernehmen und unsere wahren Bedürfnisse wiederzuentdecken. Mit diesem Wissen im Hinterkopf fällt vielleicht die eine oder andere Entscheidung und Trennung leichter. Darum möchte ich diese Gedanken zum Schluss noch teilen. Für alle da draußen, die kämpfen, die festhängen – ob auf dem bewussten spirituellen Weg oder in einer toxischen Beziehung oder einfach nur an viel zu vielen Dingen.

Entscheidet euch frei – macht euch frei!

Dank

Vielen Dank an meine Leserinnen und Leser, die bis hierher durchgehalten haben. Ich wünsche euch viel Mut, Kraft und *Liebe* auf eurer Lebensreise. Passt gut auf euch auf, ohne euch vom Aufpassen zu sehr einengen zu lassen.

Danke schön, Mama, Papa – meine ganze Familie. ICH LIEBE EUCH und dieses Leben, das ihr mir geschenkt habt.

Danke, ihr Engel: Emina, Frank, Nadine, Jenny, Elisabeth, Fernando, Margret, Diana, Victoria (Phönix), Sabine, Gisela, Karlheinz, Milena, Alessandra, Sabrina, Tanja, Christine, Chala, Rebekka und Jana für endloses Zuhören und Dasein. Danke, Cora und Anke.

Danke, Christian. Danke, SCORPIO. Herzlichen Dank, Frau Voigt.

Danke, A.

… und jetzt raus hier, Sonne, Sommer, Neckarwiesen!

Inspirationen zum Weiterlesen

Bambaren, Sergio: *Der träumende Delphin: Eine magische Reise zu dir selbst,* Piper: München 1999

Bernus, Alexander von: *Vom Sinn des Lebens,* Ogham Verlag: Stuttgart 1983

Bolen, Jean Shinoda: *Göttinnen in jeder Frau,* Sphinx Verlag: Basel 1986

Han, Byung-Chul: *Duft der Zeit: Ein philosophischer Essay zur Kunst des Verweilens,* transcript Verlag: Bielefeld 2015

Irgang, Margrit-Heide: *Einfach mal ja sagen. Eine Geschichte,* Rowohlt: Reinbek bei Hamburg 1983

Kaldera, Raven: *Hermaphrodeities: The Transgender Spirituality Workbook,* Asphodel Pr: Hubbardston, MA, USA 2009

Kaufmann, Angelika: *Benjamins Schatten. Befreiung aus Co-Abhängigkeit und destruktiven Beziehungen. Eine therapeutische Fabel,* Acabus Verlag: Hamburg 2013

Krakauer, Jon: *In die Wildnis: Allein nach Alaska,* Piper: München 2007

McGregor, Jim: *Tao der Genesung. Ein stiller Helfer aus Sucht und Abhängigkeit,* Ansata Verlag: Interlaken 1999

Olvedi, Ulli: *Wie in einem Traum,* O.W. Barth: München 2016

Pirsig, Robert M.: *Zen und die Kunst, ein Motorrad zu warten,* Fischer TB: Frankfurt/Main 1978

Porete, Margareta: *Der Spiegel der einfachen Seelen: Mystik der Freiheit,* marix Verlag: Wiesbaden 2011

Saint-Exupéry, Antoine de: *Der kleine Prinz,* Nikol Verlag: Hamburg 2016

Schirach, Ariadne von: *Ich und du und Müllers Kuh: Kleine Charakterkunde für alle, die sich selbst und andere besser verstehen wollen,* Klett-Cotta: Stuttgart 2016

Sombart, Nicolaus: *Über die schöne Frau. Der männliche Blick auf den weiblichen Körper,* Elster Verlag: Zürich 1999

Steiner, Tilman: *Die Anschauung der Welt: Die Vernunft der Schönheit und die Unvernunft der Welt,* Europa Verlag: München 2016

Strelecky, John: *Das Café am Rande der Welt: Eine Erzählung über den Sinn des Lebens,* dtv: München 2007

Anmerkungen

1 https://riskplaywin.com/inspiration/richard-branson-zitate

2 »You find that being vulnerable is the only way to allow your heart to feel true pleasure that's so real it scares you.« (Bob Marley)

3 »But even Superwoman sometimes needed Superman's soul.« (Sia)

4 nach Joseph Campbell, *Der Heros in tausend Gestalten*, Berlin 2011

5 »The fool who persists in his folly will become wise.« (William Blake)

6 Soweit ich es recherchieren konnte, stammt das Zitat von der Sozial- und Schamforscherin Brené Brown.

7 »Happiness only real when shared.« (Christopher McCandless)

8 »There is a crack in everything. That's how the light gets in.« (Leonard Cohen)

9 nach John Alan Lee, Die sechs Liebesstile, https://wiki.yoga-vidya.de/Sechs_Liebesstile

10 Ulli Olvedi, *Wie in einem Traum*, München 2015

11 Paul Gamber, *Ideen finden, Probleme lösen*, Weinheim 1996

12 nach Kurt Tucholsky, »Danach«, in: Ders., *Zwischen Gestern und Morgen*, Reinbek 1952

Kontakt und weitere Informationen

Meine Website und Podcast:
www.jakait.com

Termine für Lesungen und Vorträge:
www.jakait.com/auftritte

Facebook: www.facebook.com/janicejakait
Twitter: www.twitter.com/RowForSilence

Ich freue mich über Feedback.

HÖRT AUF, DAS LEBEN ZU VERSCHIEBEN – IHR HABT KEIN ANDERES!

ISBN 978-3-95890-024-0
Gebunden mit Schutzumschlag
12 x 19 cm

Wir leben, als wäre unsere Zeit auf diesem Planeten bloß eine Fingerübung und das eigentliche, richtige Leben käme irgendwann später. Aufrüttelnd zeigt die Bestsellerautorin Janice Jakait, warum wir uns unserer Vergänglichkeit stellen müssen, um das ebenso schlichte wie magische Wunder des Augenblicks anzunehmen. Das zweite – das eigene! – Leben beginnt erst dann, wenn man begreift, dass man nur eines hat.

Mehr über unsere Bücher
www.europa-verlag.com

EUROPAVERLAG

EINE FRAU. EIN BOOT. EIN OZEAN.

ISBN 978-3-943416-56-5
Gebunden mit Schutzumschlag
13,5 x 21,5 cm

Im November 2011 sticht die 34-jährige Janice Jakait in Portugal in See. Ihr Ziel: als erste Deutsche den Atlantik in einem Ruderboot zu überqueren. Fesselnd und mit ungeheurer Wucht schildert sie ihr Abenteuer, das sie ihre ganze Kraft kostet, sie aber auch eine nie gekannte innere Ruhe und Freiheit erfahren lässt. Als sie in Barbados an Land geht, ist sie eine andere.

»Eine Meisterleistung: ehrlich, poetisch, sprachgewaltig und spannend.«
Rüdiger Nehberg

Mehr über unsere Bücher
www.scorpio-verlag.de

SCORPIO